CÓDIGO
DAS
EXPROPRIAÇÕES

DO AUTOR

- *Licenças de Obras*, Lisboa, s/d (em colaboração) – Esgotado.
- *Novo Regime Jurídico dos Loteamentos Urbanos*, Coimbra, 1985 (em colaboração) – Esgotado
- *Enquadramento Jurírico-Administrativo da Gestão Urbanística e do Planeamento Estratégico das Áreas Metropolitanas, apud Espaço Imperfeito (Área Metropolitana do Porto – As Questões do Presente e do Futuro)*, Porto, 1989.
- *Planos Municipais de Ordenamento do Território*, Coimbra, 1990.
- *Código das Expropriações Anotado*, Coimbra, 1992 – Esgotado
- *Expropriações, apud Manual do Eleito Local*, vol. II, Coimbra, 1995

LUÍS PERESTRELO DE OLIVEIRA
ADVOGADO

CÓDIGO DAS EXPROPRIAÇÕES

Aprovado pela Lei n.º 168/99, de 18 de Setembro

ANOTADO

Com legislação complementar

ALMEDINA

TÍTULO:	CÓDIGO DAS EXPROPRIAÇÕES
AUTOR:	LUÍS PERESTRELO DE OLIVEIRA
EDITOR:	LIVRARIA ALMEDINA – COIMBRA www.almedina.net
DISTRIBUIDORES:	LIVRARIA ALMEDINA ARCO DE ALMEDINA, 15 TELEF. 239 851900 FAX. 239 851901 3004-509 COIMBRA -- PORTUGAL LIVRARIA ALMEDINA – PORTO R. DE CEUTA, 79 TELEF. 22 2059773/22 2039497 FAX. 22 2026510 4050-191 PORTO – PORTUGAL EDIÇÕES GLOBO, LDA. R.S. FILIPE NERY, 37-A (AO RATO) TELEF. 21 3857619 FAX. 21 3844661 1250-225 LISBOA – PORTUGAL
EXECUÇÃO GRÁFICA:	G.C. – GRÁFICA DE COIMBRA, LDA. PALHEIRA – ASSAFARGE 3001-453 COIMBRA E-mail: producao@graficadecoimbra.pt ABRIL, 2000
DEPÓSITO LEGAL:	147757/00

Toda a reprodução desta obra, por fotocópia ou outro qualquer processo, sem prévia autorização escrita do Editor, é ilícita e passível de procedimento judicial contra o infractor.

À memória dos meus pais

NOTA PRÉVIA

Designado pelo Secretário de Estado da Administração Local e Ordenamento do Território, Dr. José Augusto Carvalho, para participar no Grupo de Trabalho incumbido pelo Governo de preparar a versão inicial do anteprojecto da reforma do Código das Expropriações, coordenando a respectiva actividade, o Autor teve o ensejo de acompanhar o longo processo subsequente, designadamente na fase final, sob a responsabilidade directa do então Alto Comissário do Comissariado para o Apoio à Reestruturação do Equipamento e da Administração do Território, Dr. Eduardo Cabrita.

O texto do Código assenta no projecto da Associação Nacional dos Municípios Portugueses, por sua vez baseado na versão final do anteprojecto do Governo que, em diversos pontos, divergiu do texto do Grupo de Trabalho.

TABELA DE CORRESPONDÊNCIA ENTRE OS ARTIGOS DOS CÓDIGOS DAS EXPROPRIAÇÕES DE 1991 E 1999

CE/91	CE/99	CE/91	CE/99	CE/91	CE/99
1°	1°	31°	32°	62°	65°
2°/1,2	2°	32°	33°	63°	64°
2°/3 a 5	11°	33°	34°	64°	66°
3°	3°	34°	35°	65°	67°
4°	4°	35°	36°	66°	68°
5°	5°	36°	37°	67°	69°
6°	6°	37°	38°	68°	71°
7°	7°	38°	39°	69°	73°
8°	8°	39°/2	16°	70°	74° e 76°
9°	9°	40°	40°	71°	75°/2,4
10°	13°	41°	41°	73°	77°
11°	14°	42°	42°	74°	78°
12°	12°	43°	45°	75°	79°
13°	15°	44°	46°	76°	80°
14°	10°/5	45°	47°	77°	81°
15°	17°	46°	48°	78°	82°
16°	18°	47°	49	79°	83°
17°	19°	48°	49°	80°	84°
18°	20°/5	49°	50°	81°	85°
19°/1 a 4	20°	50°	52°	82°	86°
19°/5 a 10	21°	51°	52°	83°	87°
20°	22°	52°	54°	84°	88°
21°	33°/6,7	53°	55°	85°	89°
22°	23°	54°	56°	86°	90°
23°	24°	55°/1	29°/1		
24°	25°	53°/3	57°		
25°	26°	56°	58°		
26°	27°	57°	59°		
27°	28°	58°	60°		
28°	29°	59°	61°		
29°	30°	60°	62°		
30°	31°	61°	63°		

LEI N.º 168/99
De 18 de Setembro

Aprova o Código das Expropriações

A Assembleia da República decreta, nos termos da alínea *c*) do artigo 161.º da Constituição, para valer como lei geral da República, o seguinte:

ARTIGO 1.º

É aprovado o Código das Expropriações, que se publica em anexo à presente lei e que dela faz parte integrante.

ARTIGO 2.º

1 – A regulamentação do encargo de mais-valia e a delimitação a que se refere o n.º 2 do artigo 17.º da Lei n.º 2030, de 22 de Julho de 1948, cabem exclusivamente à assembleia municipal competente quando estejam em causa obras de urbanização ou de abertura de vias de comunicação municipais ou intermunicipais.

2 – Compete à câmara municipal determinar as áreas concretamente beneficiadas, para os efeitos do n.º 5 do artigo 17.º da Lei n.º 2030, de 22 de Julho de 1948, nos casos previstos no número anterior.

3 – Os regulamentos e as deliberações da assembleia e câmara municipais a que se referem os números precedentes entram em vigor 15 dias após a sua publicação na 2.ª série do *Diário da República*.

ARTIGO 3.º

É revogado o Decreto-Lei n.º 438/91, de 9 de Novembro.

ARTIGO 4.º

A presente lei entra em vigor 60 dias após a data da sua publicação ([1]).

Aprovada em 2 de Julho de 1999.

O Presidente da Assembleia da República, *António de Almeida Santos.*

Promulgada em 2 de Setembro de 1999.

Publique-se.

O Presidente da República, JORGE SAMPAIO.

Referendada em 9 de Setembro de 1999.

O Primeiro-Ministro, *António Manuel de Oliveira Guterres.*

([1]) O diploma entrou em vigor em 18 de Novembro de 1999.

CÓDIGO DAS EXPROPRIAÇÕES

TÍTULO I
Disposições gerais

ARTIGO 1.º
Admissibilidade das expropriações

Os bens imóveis e os direitos a eles inerentes podem ser expropriados por causa de utilidade pública compreendida nas atribuições, fins ou objecto da entidade expropriante, mediante o pagamento contemporâneo de uma justa indemnização nos termos do presente Código.

NOTAS:

1. Dispõe o n.º 1 do artigo 62.º da Constituição que «a todos é garantido o direito à propriedade privada e à sua transmissão em vida ou por morte, nos termos da Constituição», estatuindo o n.º 2 que a «requisição e a expropriação por utilidade pública só podem ser efectuadas com base na lei e mediante o pagamento de justa indemnização».

Sobre o conceito de justa indemnização v. *infra* nota 12 e notas ao artigo 23.º.

Os regimes gerais da expropriação e da requisição, nos termos da alínea *e*) do n.º 1 do artigo 165.º da lei fundamental, inserem-se entre as matérias que são objecto de reserva relativa de competência legislativa da Assembleia da República.

2. A Constituição não esclarece o que entende por expropriação, parecendo acolher o conceito elaborado pelo Direito Administrativo [1].

---

[1] Cfr. GOMES CANOTILHO e VITAL MOREIRA, *Constituição da República Portuguesa Anotada*, 3.ª ed., Coimbra, 1993, pág. 334.

14 *Código das Expropriações – art. 1.º (2)*

Tradicionalmente, a expropriação é entendida, quando reportada a imóveis, como «a relação jurídica pela qual o Estado, considerando a conveniência de utilizar determinados imóveis em um fim específico de utilidade pública, extingue os direitos subjectivos constituídos sobre eles e determina a sua transferência definitiva para o património da pessoa a cujo cargo esteja a prossecução desse fim, cabendo a esta pagar ao titular dos direitos extintos uma indemnização compensatória». Quando recai sobre direitos, é definida como «a relação jurídica pela qual o Estado, considerando a conveniência de afectar à utilidade pública as faculdades decorrentes de certos direitos patrimoniais de outrem, os extingue mediante indemnização compensatória paga ao respectivo titular, ficando logo a seguir o expropriante investido nos poderes necessários ao uso das mesmas faculdades» [1].

A doutrina mais recente, em particular a alemã, veio alargar o conceito de expropriação de forma a permitir indemnizar os particulares em situações análogas em que, ocorrendo, por razões de interesse público, a destruição ou a imposição de uma limitação essencial de uma posição jurídica garantida como propriedade, falta, todavia, o elemento translativo do direito [2-3].

Nesta perspectiva, considera-se expropriação toda a intervenção voluntária autorizada pela lei que, para prosseguir um interesse público,

---

[1] MARCELLO CAETANO, Manual de Direito Administrativo, tomo II, 9.ª ed., Coimbra, 1972, pág. 996 e nota 2.

[2] FERNANDO ALVES CORREIA, *Formas de Pagamento de Indemnização na Expropriação por Utilidade Pública*, Coimbra, 1991, pág 8, nota; *As Garantias do Particular na Expropriação por Utilidade Pública*, Coimbra, 1982, pág. 38.

[3] FAUSTO QUADROS, «*Princípios Fundamentais de Direito Constitucional e de Direito Administrativo em Matéria de Direito do Urbanismo*», in *Direito do Urbanismo*, Oeiras, 1989, pág. 287, entende que em casos deste tipo não há formalmente expropriação mas há substancialmente expropriação ou ablação do conteúdo do direito. OLIVEIRA ASCENÇÃO, *Direito Civil – Reais*, 4.ª ed., Coimbra, 1983, pág. 225, e «*O Urbanismo e o Direito de Propriedade*», in *Direito de Urbanismo*, cit., págs. 327 e segs., considera que este tipo de intervenção sobre a propriedade, embora não sendo expropriação, impõe uma indemnização justa a cuja fixação presidem os princípios substanciais que vigoram para aquele instituto. PINTO LOUREIRO, *Expropriações por Utilidade Pública*, Coimbra, 1945, págs. LIII e segs., designava por *expropriações indirectas* as restrições ao direito de propriedade com efeitos em certos aspectos equiparáveis aos da expropriação por utilidade pública, mas que com ela não se confundiam «por não serem precedidas do acto fundamental da *declaração de utilidade pública* feita pela autoridade competente, e de em consequência se lhe não poderem aplicar as disposições dos respectivos processos especiais».

impõe a um sujeito o sacrifício de um bem jurídico garantido como propriedade pela Constituição, implicando uma indemnização compensatória.

3. Particular revelância assume, na acepção mais recente do instituto, o problema da fixação legal do conteúdo e dos efeitos da propriedade.

A Constituição não configura a propriedade como um *jus utendi et abutendi*. Ao invés, a lei fundamental legitima o carácter ético e necessário do «concurso que a propriedade deve prestar para tornar efectiva e fecunda a missão jurídica do Estado» (¹). Onde termina a fixação, pela lei, do conteúdo e dos efeitos do direito de propriedade, que não dá origem a indemnização, iniciam-se as intervenções que exigem ressarcimento (²).

A doutrina e a jurisprudência estrangeiras têm procurado estabelecer critérios para resolver este problema (³). Por sua vez, a doutrina nacional defende que a autonomização das expropriações de sacrifício em relação às limitações do direito de propriedade deve ser feita através do recurso a um elemento de ordem formal e a um elemento de carácter material. Assim, para haver expropriação de sacrifício, será necessário, cumulativamente:

– Que a medida autorizada pela lei constitua um sacrifício especial, de tal modo que constituiria uma violação do princípio da igualdade não atribuir uma indemnização ao lesado;

– Que a medida tenha carácter individual, colocando o sujeito atingido por ela numa posição diferente dos restantes cidadãos (⁴⁻⁵).

A importância desta acepção de expropriação é particularmente evidente nas limitações estabelecidas pelos planos urbanísticos. As dis-

---

(¹) Caeiro da Matta, *O Direito de Propriedade e a Utilidade Pública, Das Expropriações*, I, Coimbra, 1906, pág. 234.

(²) Fernando Alves Correia, *As Garantias do Particular*, cit., pág. 79.

(³) Para uma exposição sintética e crítica de tais critérios, v. Gomes Canotilho, *O Problema da Responsabilidade do Estado por Actos Lícitos*, Coimbra, 1974, págs. 273 e segs.; Fernando Alves Correia, *As Garantias do Particular*, cit., págs. 80 e segs.

(⁴) Fernando Alves Correia, *As Garantias do Particular*, cit., pág. 86.

(⁵) Para Oliveira Ascenção, *O Urbanismo e o Direito de Propriedade*, cit., págs 328 e segs., só as intervenções de carácter genérico que atinjam o conteúdo fundamental do direito de propriedade (os poderes de uso, fruição e disposição), ao violarem a garantia constitucional, dão origem ao dever de indemnizar, por força do princípio aflorado no n.º 2 do artigo 62.º e no artigo 83.º (antes, 82.º) da Constituição.

16   *Código das Expropriações – art. 1.º (4)*

posições dos planos urbanísticos que causem danos na esfera jurídica dos particulares constituem medidas expropriativas sempre que tais danos possam ser considerados especiais e anormais ([1]).

Obviamente, não estão nesse caso as medidas restritivas da edificabilidade dos imóveis que se limitam a expressar a respectiva vinculação situacional. Neste caso, a restrição resulta da situação concreta do terreno e das suas características próprias, como sucede com a proibição de construção em terrenos particularmente declivosos, inundáveis, pantanosos, desmoronáveis, inacessíveis, de paisagem natural, histórica ou arqueológica, de vocação ecológica ou ambiental, de grande vocação agrícola, ou os que, pelas suas dimensões, configuração, etc., não são por natureza edificáveis.

Podem enunciar-se três grandes tipos de medidas expropriativas dos planos urbanísticos:

a) Disposições que causam danos relacionados com a protecção da confiança do cidadão na Administração, como sucede, por exemplo, quando os particulares, tendo beneficiado de uma informação de viabilidade, veêm as suas expectativas frustradas pela entrada em vigor de um plano urbanístico que impede a construção no local; ou quando os particulares, contando com o aproveitamento previsto num dado plano, o vêm abolido ou diminuído em consequência da modificação das disposições desse plano, decorrente de alteração ou revisão;

b) Disposições que reservam terrenos particulares para equipamentos colectivos, sem estabelecerem a data da sua realização que, por vezes, não se verifica ou só ocorre muitos anos depois;

c) Disposições que proibem a construção em áreas edificáveis ou com vocação para a edificação ([2]).

([1]) O artigo 18.º da Lei n.º 48/98, de 11 de Agosto, ao estabelecer o dever de indemnizar sempre que os instrumentos de gestão territorial vinculativos dos particulares determinem *restrições significativas, de efeitos equivalentes a expropriação,* aos direitos de uso do solo preexistentes e juridicamente consolidados, que não possam ser eliminados através de mecanismos equitativos de perequação compensatória destinados a assegurar a redistribuição entre os interessados dos encargos e benefícios da urbanização, acompanha a qualificação dessas medidas como expropriações de sacrifício, identificadas pelo efeito que delas decorre, determinando a aplicação do processo de expropriação (n.º 4 do artigo 143.º do Decreto-Lei n.º 380/99, de 22 de Setembro). Em sentido contrário: José Osvaldo Gomes, *Expropriações por Utilidade Pública,* Lisboa, 1997, págs. 34 e segs.

([2]) Cfr. Fernando Alves Correia, *O Plano Urbanístico e o Princípio da Igualdade,* Coimbra, 1989, págs. 515 e segs.

4. A expropriação pode visar a aquisição de direitos reais sobre imóveis (que já existam ou que se constituam por seu efeito) ou a extinção de direitos reais ou pessoais inerentes aos imóveis ([1]), como, por exemplo, o direito do arrendatário ou do explorador de pedreiras. Estes podem ser abolidos directamente pela expropriação, permitindo ao expropriante ampliar um direito pré-existente (como sucede, v. g., com o senhorio que expropria o direito de arrendamento de um seu locatário para poder aplicar o imóvel a um fim de utilidade pública) ou podem ser eliminados reflexamente pela expropriação, extinguindo-se por caducidade, determinada pela lei, como consequência da ablação da propriedade ou de outro direito real (como sucede, por exemplo, quando se expropria a propriedade de um imóvel, de que decorre a extinção das hipotecas, dos privilégios imobiliários, do direito de retenção, do usufruto e do direito de superfície, bem como dos arrendamentos e outros direitos incompatíveis com o fim da expropriação).

5. Na acepção de processo de aquisição de bens, que é a situação paradigmática no presente Código, a expropriação tem subjacente um conflito entre um interesse público e um interesse privado, relativo à propriedade. Esse conflito surge quando uma entidade pública ou privada, tendo necessidade de adquirir um bem para um fim de utilidade pública, se confronta com o interesse oposto do respectivo proprietário em conservá-lo no seu património. O instituto resolve esse conflito de pretensões através da prevalência do interesse público sobre o interesse privado ([2]). A declaração de utilidade pública da expropriação extingue

---

([1]) A inerência pode ser entendida em duas acepções: como vinculação (real) do direito à coisa, de forma que esta se insere na estrutura daquele, hipótese em que a coisa está de tal maneira afectada pelo direito que não pode ser desvinculada deste na ausência de causa legal, ou como uma técnica de determinação do sujeito passivo de uma obrigação pessoal, através da atribuição da obrigação a quem quer que seja o titular de um direito real (OLIVEIRA ASCENSÃO, *Direito Civil – Reais*, cit., págs. 60 e 63).

([2]) Não obsta a este entendimento a circunstância de a lei atribuir por vezes aos particulares o direito de requererem a expropriação de bens próprios. Sucede assim quando o direito de propriedade é especialmente atingido por certas decisões administrativas (v.g., imposição de servidões *non aedificandi* em proveito de edifícios de reconhecido valor arquitectónico, de edifícios públicos ou de edifícios e construções de interesse público – Decretos-Lei n.º 21875, de 18 de Novembro de 1932, n.º 34993, de 11 de Outubro de 1945, e n.º 40388, de 21 de Novembro de 1955 – proibição de construção por mais de 5 anos nas faixas destinadas às futuras estradas segundo os projectos ou anteprojectos aprovados – Lei n.º 2037, de 19 de Agosto de 1949 –

o direito de propriedade sobre o bem, ao qual fica sub-rogado, no património do expropriado, o crédito a uma justa indemnização compensatória, permitindo que aquele seja ulteriormente transferido para o património do expropriante e aí fique afecto à satisfação do fim de utilidade pública que fundamentou a expropriação.

A expropriação concilia os interesses colectivo e individual. Por um lado, acolhe e satisfaz a pretensão que visa o bem comum; por outro, compensa o expropriado, em cujo património, em consequência da saída do bem, é colocado o crédito à indemnização destinada a obstar à privação do gozo económico.

No período que medeia entre a declaração de utilidade pública e a adjudicação da propriedade, o anterior proprietário fica reduzido a pouco mais que a posse jurídica, sendo-lhe vedado transformar o imóvel, salvo na medida necessária à sua conservação ou estando disposto a abandonar as benfeitorias gratuitamente ao expropriante ([1]).

A aquisição de bens por via de expropriação não é consequência de uma transmissão forçada do anterior proprietário para o expropriante. O fenómeno é diverso: os direitos anteriores sobre o bem são abolidos pela declaração de utilidade pública, sendo substituídos pelo

---

requisição de imóveis que se prolongue por mais de 5 anos – Decreto-Lei n.º 36284, de 17 de maio de 1947 – ocupação de imóveis para intervenção em áreas críticas de recuperação e reconversão urbanísticas ou instalação transitória de casas desmontáveis para realojamento de moradores de habitações expropriadas, desde que, num e noutro caso, a ocupação se prolongue por mais de 5 anos – Decreto-Lei n.º 794/76, de 5 de Novembro) ou no caso previsto no artigo 130.º do Decreto-Lei n.º 380/99, cit. (expropriação de bens próprios para regularização de estremas). Dir-se-ia que o pedido de expropriação total constitui nos dois primeiros casos apenas uma forma de actuação do mecanismo indemnizatório da expropriação, não resolvendo, portanto, um conflito de interesses com autonomia em face do fim que determina a expropriação. Este entendimento não parece, porém, retratar a situação. A lei procura não sacrificar integralmente o direito de propriedade, mas, a ser inverso o entendimento dos particulares, aceita que, a pedido destes, o conflito de interesses se resolva através da transferência da propriedade. Noutros casos, a transferência da propriedade não é adoptada por se tratar de situações transitórias em que o interesse público não impõe a sua ablação. Mas se essas situações se prolongarem por um período de tal modo dilatado que ponha em crise a consistência prática do direito de propriedade, a lei autoriza que o conflito de interesses passe a ser resolvido, a requerimento dos particulares, através da transferência da propriedade. De notar, por fim, que a chamada expropriação total (v. artigo 3.º, n.ºs 2 e 3) não é, em rigor, um caso de pedido de expropriação de bens próprios (v. nota 7 aos artigos 55.º a 57.º).

([1]) Cfr. Marcello Caetano, op. cit., pág. 1003.

crédito indemnizatório, e aquele é ulteriormente *transferido* para o património do expropriante em consequência de adjudicação judicial ou da celebração do acordo de expropriação amigável.

A aquisição do bem pelo expropriante é originária e não derivada.

O carácter originário da aquisição de bens, por via de expropriação, ressalta nos artigos 692.º, 753.º, 759.º, 823.º, 1480.º e 1542.º do Código Civil e na parte final do n.º 1 do artigo 75.º do presente Código.

A declaração de utilidade pública extingue os direitos reais e pessoais inerentes ao bem, ficando os sujeitos atingidos pela expropriação com um direito de crédito à indemnização, sub-rogado no lugar do bem, no seu património.

É justamente o efeito sub-rogatório que justifica que, em caso de expropriação da propriedade, os direitos do credor hipotecário, do credor privilegiado, do credor titular do direito de retenção, do usufrutuário ou do superficiário, indirectamente afectados pela medida, passem a exercer-se sobre a indemnização (artigos 753.º, 759.º, 692.º, 1542.º e 1480.º do Código Civil, respectivamente).

6. Convém precisar os limites do instituto, distinguindo-o das figuras afins: nacionalização, requisição, expropriação por utilidade privada, ocupação temporária de imóveis, confisco, perda e apreensão de bens, destruição por utilidade pública, resgate e transferência de domínio.

a) A *nacionalização* constitui uma forma de desapropriação dos meios de produção, enquanto tais, para continuarem, nessa qualidade, na propriedade do Estado, visando um fim de utilidade pública. A apropriação colectiva dos meios de produção, destinada a assegurar o controlo público de economia, distingue-se da expropriação no plano teleológico, que é a eliminação da propriedade capitalista.

b) A *requisição* define-se como o «acto administrativo pelo qual um órgão competente impõe a um particular, verificando-se as circunstâncias previstas na lei e mediante indemnização, a obrigação de prestar serviços, de ceder coisas móveis ou semoventes ou de consentir na utilização temporária de quaisquer bens que sejam necessários à realização do interesse público e que não convenha procurar no mercado» ([1]).

([1]) Marcello Caetano, *Manual*, II, cit., pág. 992.

20   *Código das Expropriações – art. 1.º (8)*

Embora se distinga claramente da expropriação, enquanto processo de aquisição de imóveis, por ter por objecto bens móveis ou serviços, ou o uso temporário de imóveis, a requisição só difere da expropriação de sacrifício na intensidade e no grau: «a expropriação visa satisfazer necessidades públicas duradouras enquanto a requisição pretende dar resposta a necessidades transitórias com carácter de urgência» ([1]).

c) Ocorre a *expropriação por utilidade privada* sempre que a lei permite que um conflito de direitos reais seja resolvido a favor de um dos respectivos titulares, a quem é atribuído o poder potestativo de, por via judicial, impor em seu benefício a oneração, a transmissão ou (mais duvidosamente) a extinção de um direito alheio ([2-3]).

Enquanto a expropriação resolve um conflito entre interesses de natureza diversa (um público, o outro privado), a expropriação por utilidade privada derime um conflito de direitos privados cuja composição só interessa à colectividade na perspectiva da paz e da estabilidade sociais.

d) A *ocupação temporária de imóveis* por particulares é autorizada pela lei em dadas circunstâncias, pelo período estritamente necessário à realização do interesse público (v. artigo 18.º; também o artigo 25.º do Decreto-Lei n.º 55/99, de 2 de Março, permite aos empreiteiros de obras públicas ocupar, mediante indemnização de sua conta, salvo se contratualmente for devida pelo dono da obra, os terrenos particulares necessários à execução dos trabalhos, incluindo a instalação de estaleiros, depósitos de materiais, parques de máquinas e instalações do pessoal).

A diferença entre esta figura e a expropriação por utilidade pública é a mesma que se apontou relativamente à requisição: diversamente da expropriação, a ocupação de imóveis visa satisfazer necessidades transitórias e não duradouras.

e) O *confisco, a perda e a apreensão judicial de bens* são medidas de natureza penal. É seu pressuposto um comportamento

---

([1]) Pasquale Carugno, *L'Espropriazione per Pubblica Utilità*, Milão, 1967, pág. 75.

([2]) Oliveira Ascensão, *Direito Civil – Reais*, cit., pág. 334.

([3]) Veja-se o artigo 1370.º, n.º 1, do Código Civil, o artigo 27.º da Lei n.º 2030, de 22 de Junho de 1948, bem como os casos de constituição coactiva de servidões privadas.

subjectivo ilícito, penalmente sancionado, o que desde logo os afasta do âmbito da expropriação em cuja estrutura não assume relevância o aspecto subjectivo da titularidade do bem (¹).

O confisco, abolido da nossa legislação e objecto de proibição constitucional desde 1822, era uma pena acessória segundo a qual os condenados em crime grave viam o seu património passar para o fisco.

Da perda dos objectos que tenham servido ou estado destinados a servir para a prática de um crime ou que por este foram produzidos se ocupam os artigos 109.° e 110.° do Código Penal. A apreensão judicial de bens que tiverem servido ou estivessem destinados a servir à prática de um crime, que constituirem o seu produto, lucro, preço ou recompensa, dos bens abandonados pelo agente do crime no local deste, ou de qualquer modo susceptíveis de servir de prova, encontra-se prevista e regulada nos artigos 178.° e seguintes do Código de Processo Penal.

f) A destruição de bens por utilidade pública é autorizada pela lei em certos casos, devido ao perigo que representam para a segurança ou a saúde das pessoas e das coisas, como sucede

---

(¹) A expropriação por utilidade pública pode, em certos casos, ser aplicada como *sanção* aos proprietários que não colaborem com a Administração na prossecução de determinados fins de interesse público. Embora aqui a expropriação pareça ser apenas motivada pela inércia do titular do bem, o que efectivamente ocorre é que a satisfação do fim de utilidade pública, na falta de colaboração do proprietário, determinada em função do seu comportamento, passa a ser feita por via de expropriação. Entre outros casos, vejam-se os regulados nas alíneas *b*) e *d*) do n.° 2 do artigo 128.° do Decreto-Lei n.° 380/99, de 22 de Setembro (expropriação de prédios rústicos que, após as obras que justifiquem o seu aproveitamento urbano não sejam assim aproveitados, sem motivo legítimo, no prazo de 18 meses a contar da notificação que para esse efeito seja feita ao respectivo proprietário; expropriação de terrenos destinados à construção adjacentes a vias públicas de aglomerados urbanos, quando os proprietários, notificados para os aproveitarem em edificações, o não fizerem, sem motivo legítimo, no prazo de 18 meses a contar da notificação; expropriação dos prédios urbanos que devam ser reconstruídos ou remodelados, em razão das suas pequenas dimensões, posição fora do alinhamento ou más condições de salubridade, segurança ou estética, quando o ou os proprietários não derem cumprimento, sem motivo legítimo, no prazo de 18 meses, à notificação que, para esse fim, lhes seja feita, salvo se o município, quando tais circunstâncias ocorrerem num conjunto de prédios de diversos proprietários, optar pelo sistema de cooperação ou de imposição ou pela apresentação de uma proposta para a reestruturação da propriedade).

Código das Expropriações – art. 1.º (10)

com a destruição das construções que ameaçam ruína ou oferecem perigo para a saúde pública (Regulamento Geral das Edificações Urbanas, artigo 10.º, § 2.º) ou com o abate sanitário de animais.

A eliminação do bem, em razão da sua perigosidade, constitui um risco que deve correr por conta do proprietário. Daí que a destruição de bens por utilidade pública não tenha que comportar sempre, como na expropriação, uma indemnização destinada a impedir a privação do gozo económico, embora em certos casos possa envolver uma indemnização assistencial.

g) *Resgate*, é o acto administrativo pelo qual uma entidade concedente, fundada em cláusula contratual ou em disposição da lei e autorizada por prévia declaração de interesse público revoga ou denuncia o acto ou contrato de concessão antes do seu termo, mediante o pagamento de uma justa indemnização ao concessionário ([1]).

As leis sobre expropriações têm-se ocupado do resgate, como sucede no artigo 7.º do presente diploma ([2]).

Enquanto a expropriação constitui uma medida genérica a que todos os proprietários estão sujeitos, o resgate depende da prévia existência de uma relação jurídica entre a Adminsitração e o concessionário.

h) *A transferência de domínio* tem por objecto bens do domínio público. Quando um bem dominial de uma pessoa colectiva de direito público é necessário à realização de um interesse comum de ordem superior, a lei autoriza que, através de um acto de afectação, esse bem seja transferido para a entidade que prossegue o fim de utilidade pública prevalecente, ficando esta, em caso de erradicação definitiva, obrigada a pagar uma indemnização àquela de cujo património o bem foi desintegrado (artigo 6.º).

Diversamente da expropriação, que resolve um conflito entre um interesse público e um interesse privado, a transferência ou

---

([1]) Cfr. Fernando Alves Correia, *As Garantias do Expropriado*, cit., pág. 73; v., ainda, Marcello Caetano, *Em torno do Conceito de Expropriação por Utilidade Pública, in O Direito*, ano 81.º, pág. 191.

([2]) Numa perspectiva histórica, v. artigos 3.º e 12.º da Lei de 26 de Julho de 1912, alínea c) do n.º 2 do artigo 12.º da Lei n.º 2030, artigo 2.º do Código das Expropriações de 1976 e artigo 7.º do Código das Expropriações agora revogado.

mutação dominial destina-se a regular um conflito entre dois interesses de natureza pública sobre um bem dominial.

7. A Constituição admite a expropriação mas rodeia-a de um sistema de garantias assente nos seguintes princípios fundamentais:

1 – Princípio da legalidade ou da prévia autorização legal;
2 – Princípio da utilidade pública ou da necessidade do bem para um fim concreto de utilidade pública reconhecido directamente pela lei ou por prévio acto administrativo fundado na lei (declaração de utilidade pública da expropriação);
3 – Princípio da proporcionalidade ou da proibição de excessos;
4 – Princípio da justa indemnização ou da retribuição do valor económico do bem;
5 – Princípio da igualdade.

Nesse sistema, pode distinguir-se uma *garantia substancial*, uma *garantia económica* e uma *garantia procedimental e processual*.

A *garantia substancial* analisa-se num conjunto de «condições» que devem estar reunidas para a expropriação poder ser decretada:

a) Ser o recurso à aquisição consensual inviável ou, pelo menos, inconciliável com a premência da realização do interesse público;
b) Existir autorização legal (reconhecimento da utilidade pública do fim e autorização para utilização da via expropriativa);
c) Ser efectiva a necessidade do bem para a concretização do fim de utilidade pública;
d) Dever a expropriação restringir-se ao mínimo imprescindível ao fim que determina a aquisição do bem por via de expropriação.

Paralelamente, a Constituição estabelece uma *garantia económica* da propriedade, que consiste em a expropriação não poder realizar-se sem contrapartida de uma indemnização justa.

Uma terceira garantia, *procedimental e processual*, está implícita na definição legislativa do processo de expropriação, concebido em função da garantia do sujeito atingido pela medida, justificando que seja formalmente considerado um direito deste ([1]), considerado como parte mais fraca.

([1]) Neste sentido, no direito espanhol, EDUARDO GARCIA DE ENTERRIA, *Los Principios de la Nueva Ley de Expropriacion Forzosa*, reimpressão, Madrid, 1984, pág. 89 e 134 e segs.

24   *Código das Expropriações – art. 1.° (12)*

8. Enquanto instituto destinado a resolver um conflito de pretensões, a expropriação por utilidade pública pressupõe a inviabilidade de uma solução através dos mecanismos correntes de mercado, plasmados no direito privado. A expropriação, a esta luz, surge como um *recurso último*, que só deve funcionar quando falhem as vias normais de resolução do conflito entre os interesses contrapostos. Seria manifestamente excessivo impor ao proprietário os incómodos, delongas e despesas do processo de expropriação e sujeitá-lo à incerteza do respectivo desfecho, estando ele disposto a transmitir o bem pretendido e podendo fazê-lo.

A inviabilidade de acordo deve ser analisada cuidadosamente, de modo a que apenas sejam tidas como relevantes as situações em que, por factores inerentes ao proprietário, desde logo se comprove a impossibilidade material ou jurídica de acordo ou em que a divergência manifestamente não possa ser ultrapassada numa negociação séria de parte a parte. Desde modo, exemplificando, a solução consensual não deve ser considerada inviável quando apenas uma escassa quantia separa as propostas de compra e de venda ou quando a divergência se refere a obrigações acessórias, como a escolha dos materiais destinados à reconstrução de um muro que desde o início o interessado na aquisição do terreno aceitou executar e que facilmente poderia ser resolvida, designadamente através de arbitragem de terceiro.

Particular situação ocorre, porém, quando a premência do fim de utilidade pública prosseguido através da expropriação não permite aguardar o lapso de tempo exigido pela negociação. Neste caso, a prevalência do interesse público determinará a eliminação da fase preliminar de negociação. Naturalmente, a urgência tem de ser fundamentada, não bastando a mera conveniência do interessado na expropriação.

A urgência da expropriação deve respeitar à realização do fim de utilidade pública, de acordo com o programa de trabalhos elaborado pela entidade expropriante (artigo 15.°, n.° 3).

9. A necessidade de base legal para a expropriação resulta directamente do disposto no n.° 2 do artigo 62.° da Constituição.

«A expropriação carece sempre de uma base legal (princípio da legalidade). No caso de expropriação através de lei, a autorização reside na própria lei expropriatória (expropriação legal); na hipótese de expropriação administrativa (de competência do Governo ou das autar-

Código das Expropriações – art. 1.º (13) 25

quias locais) é necessário um acto legal (lei; decreto-lei) autorizativo da expropriação» ([1]).

O artigo 1.º, em anotação, constitui a base legal das expropriações que nele são referidas ([2]).

Quando às expropriações para fins urbanísticos, v. artigos 128.º e seguintes do Decreto-Lei n.º 380/99, de 22 de Setembro.

10. Só os bens efectivamente necessários à realização do fim pretendido podem ser expropriados. Quer isto dizer que a expropriação só pode ser decretada se, após transferência, o bem atingido pela medida vier a prestar a utilidade pública visada, designadamente mediante a sua transformação.

Nas Constituições de 1822 e de 1838, a expropriação só era admitida por *necessidade pública* urgente. Na Carta Constitucional, o *bem público* era suficiente para permitir a expropriação.

Nas Constituições de 1910, 1933 e 1976 a expropriação surge fundamentada na *utilidade pública* do fim que a justifica.

O Protocolo n.º 1 adicional à Convenção de Protecção dos Direitos do Homem e das Liberdades Fundamentais ([3]) determina que a privação da propriedade só pode ocorrer por *utilidade pública* e nas condições previstas na lei e pelos princípios gerais de direito internacional.

Não é, porém suficiente a utilidade pública do fim visado pela expropriação. Necessário é, ainda, que esse fim seja objectivamente superior à função social que a propriedade desempenhava no património que se pretende sacrificar, sem o que não pode ser decretada a expropriação ([4]).

A verificação da existência da utilidade pública está cometida à autoridade com poder para a declarar. Esta tem de julgar se o requerente prossegue um fim de interesse público que lhe esteja cometido; se, em concreto, é necessário proceder à expropriação dos bens pretendidos; se estes são indispensáveis; se a função social da propriedade, na titularidade privada, é ou não superior ao fim a prosseguir após a expropriação (v. nota 4 ao artigo 13.º).

([1]) GOMES CANOTILHO e VITAL MOREIRA, *Constituição*, I, cit., pág. 337.

([2]) Contra: Margarida Olazabal Cabral, *Poder de Expropriação e Discricionaridade*, *in Revista Jurídica do Urbanismo e do Ambiente*, n.º 2, Dezembro de 1994, págs. 87 e segs.

([3]) V. Lei n.º 65/78, de 13 de Outubro.

([4]) Cfr. MARCELLO CAETANO, *Manual*, II, cit., pág. 997.

26   *Código das Expropriações – art. 1.º (14)*

O juízo a emitir não deve ser considerado como uma declaração abstracta, no sentido de que não pode deixar de respeitar a um determinado empreendimento cujas características fundamentais devem estar bem determinadas, atendendo à sua viabilidade, à entidade a cargo de quem se encontra, aos meios de que esta dispõe e ao prazo em que se propõe realizá-lo ([1]), tudo à luz da oportunidade e da conveniência para um interesse público efectivo e actual.

Sem embargo, esta garantia tem um acentuado carácter formal, posto que, salvo em raros casos de grosseira ausência de coincidência das características do empreendimento com as que deveria assumir para garantir a satisfação do bem público, este será quase sempre, pelo menos, formalmente adequado àquele escopo. Acresce que a análise dessa adequação é necessariamente discricionária.

No Código das Expropriações de 1976, o carácter formal da garantia era particularmente evidente em consequência das restrições levantadas pela lei ao exercício do direito de reversão.

Ainda que a consequência lógica da garantia causal fosse a atribuição incondicional do direito à reversão quando o fim de utilidade pública não se concretizasse ou fosse substituído por outro, ainda que igualmente do interesse público ([2]), o artigo 7.º do Decreto-Lei n.º 845/76 impedia o direito de reversão no caso de o expropriante ser uma entidade de direito público e o expropriado não ser uma autarquia local.

O n.º 7 do artigo 6.º do Decreto-Lei n.º 77/84, de 8 de Março, devolveu aos expropriados, sem restrições, o direito de reversão mas só nas expropriações destinadas à realização de planos urbanísticos pelos municípios. O preceito era porém inconstitucional, por falta de

---

([1]) A alínea *a)* do n.º 1 do artigo 8.º, da Lei n.º 2030, de 22 de Junho de 1984, mandava expressamente fixar os prazos das obras a realizar nos terrenos expropriados. O princípio não teve expressão no Decreto-Lei n.º 71/76, de 27 de Janeiro, nem no Código das Expropriações de 1976, salvo nos casos de expropriações por zonas ou lanços. O entendimento que a satisfação dos interesses públicos prosseguidos pelas obras impunha por natureza a fixação das metas temporais não teve consequências práticas. Diversamente, o Código de 1991, ao regular o direito de reversão, fixava indirectamente prazo para a aplicação dos bens ao fim da expropriação (artigo 5.º). A matéria foi directamente regulada no presente Código (artigos 12.º, n.º 1, alínea *d),* e 15.º, n.º 3).

([2]) O Decreto-Lei n.º 46027, de 13 de Novembro de 1961, admitia, porém, a aplicação do bem expropriado a fins de utilidade pública diversos daquele que determinara a expropriação.

autorização legislativa ao Governo, sendo, por isso, revogado pelo artigo 34.º do Decreto-Lei n.º 69/90, de 2 de Março [1].

No Código de 1991, o direito de reversão voltou a ser admitido em termos amplos (v. o respectivo artigo 5.º).

11. O princípio da proporcionalidade impõe que a expropriação se contenha dentro dos limites imprescindíveis à realização do fim de utilidade pública.

Se a construção de uma obra pública, com o desafogo exigível, apenas requer a aquisição de parte de um imóvel, este não deve ser expropriado na totalidade. Se o fim público pode ser prosseguido através da imposição de uma servidão ou de uma restrição de interesse público, não deve expropriar-se a propriedade. E assim por diante. De qualquer modo, uma vez que o princípio da proporcionalidade funciona a favor do expropriado, não pode a entidade expropriante limitar o objecto da expropriação, prejudicando-o (v.g., constituindo um direito de uso, em vez de adquirir a propriedade, para reduzir a indemnização).

12. A garantia económica da propriedade, em caso de expropriação, consiste em esta só poder concretizar-se «mediante o pagamento de justa indemnização».

A indemnização é, pois, um elemento integrante do conceito de expropriação. Se faltar a indemnização não há expropriação mas esbulho ou confisco, consoante as circunstâncias do caso (cfr., *supra*, nota 6).

Não é, porém, qualquer indemnização que satisfaz o requisito constitucional, pois se exige que seja justa, o que exclui desde logo que possa ser nominal, aparente, irrisória ou meramente simbólica. Em tais circunstâncias não haveria indemnização ou esta seria destituída de consistência prática [2].

A indemnização, para ser justa, deve respeitar o princípio da igualdade de encargos, tanto na relação interna como na relação externa da expropriação [3]. A igualdade de encargos, na relação interna,

---

[1] Cfr. o nosso *Planos Municipais de Ordenamennto do Território*, Coimbra, 1991, pág. 13, nota 1.

[2] V. Diogo Freitas do Amaral, *Indemnização Justa ou Irrisória, in Direito e Justiça*, vol. V, 1991, págs. 61 e segs.

[3] Cfr. Fernando Alves Correia, *O Plano Urbanístico*, cit., págs. 534 a 551.

28　　　*Código das Expropriações – art. 1.º (16)*

determina que os critérios de indemnização plasmados na lei conduzam, em qualquer tipo de expropriação, a um tratamento igual dos diversos expropriados, não podendo este variar em consequência do fim ou do objecto da expropriação, ou dos procedimentos a que se encontra sujeita ([1-2]). Na relação externa, o princípio da igualdade impõe que o critério de indemnização oferecido pela lei elimine as desigualdades de tratamento entre o expropriado e o não expropriado. A justiça da indemnização não existiria se o expropriado não fosse integralmente compensado da perda patrimonial sofrida, tendo de suportar um sacrifício a favor da utilidade pública não exigido aos outros cidadãos, o que poderia ser analisado como um imposto oculto. «A indemnização por expropriação deve garantir ao expropriado uma compensação plena da perda patrimonial suportada, em termos de o colocar na posição de adquirir outro bem de igual natureza e valor» ([3]).

Mas a expropriação deve ser justa, também, na perspectiva do interesse público, de tal modo que, na sua fixação, sejam excluídos os elementos de valorização puramente especulativos (artigo 23, n.º 3) e as mais-valias do bem a que o expropriado seja alheio na medida em que também forem retiradas, contemporaneamente, aos não expropriados (artigo 23.º, n.º 2) ([4]).

([1]) Fernando Alves Correia, op. cit., págs. 540 e segs.

([2]) Daí parecer inconstitucional o artigo 4.º do Decreto-Lei n.º 36/79, de 3 de Março (v. apenso).

([3]) Cfr. acórdão do Tribunal Constitucional n.º 52/90, *in Diário da República*, 1.ª série, de 30 de Março de 1990.

([4]) O n.º 3 do artigo 22.º do Código revogado proibia que na determinação do valor do bem expropriado se tomasse em conta as mais-valia resultante da própria declaração de utilidade pública da expropriação para todos os prédios da zona em que se situasse o prédio expropriado. A redação não era a melhor. «Sendo a indemnização por expropriação determinada pelo *«valor real e corrente»* que esses bens tinham no momento da expropriação, não faria sentido incluir no cômputo daquela a mais-valia inexistente na data em que tem lugar o acto ablatório. A indemnização deve corresponder ao preço que o proprietário expropriado conseguiria obter pelo seu bem se não tivesse tido lugar a expropriação. Daí que não se deva tomar em consideração um aumento de valor do bem que resulte do próprio fim da expropriação (...). Se a mais-valia originada pela expropriação nos imóveis que por ela são abrangidos não pode ser tomada em consideração para efeitos de indemnização, já o mesmo não acontece no que concerne à mais-valia que daquela pode derivar nas fracções dos bens não expropriadas. Na verdade, no caso de expropriação parcial de uma propriedade, em virtude da execução de obras, melhoramentos e infra-estruturas decorrentes da expropriação pode eventualmente derivar uma mais-valia na parte não expropriada.

Por outro lado, a circunstância de a expropriação ocorrer mediante o pagamento de uma justa indemnização arrasta duas ordens de consequências:

Em primeiro lugar, a indemnização não pode ser inferior ao valor exacto do bem expropriado ([1]). Mais: como a indemnização deve corresponder à reintegração económica do património do expropriado,

---

Pode servir como exemplo a expropriação de uma fracção de um terreno para efeitos de realização de obras de urbanização ou para a abertura de uma via de comunicação em que se verifica um aumento de valor da parte não expropriada pela sua transformação em terreno com capacidade edificatória». (FERNANDO ALVES CORREIA, *As Garantias do Particular*, cit., pág. 143).

Discutiu-se, na doutrina e nos tribunais, se essa mais-valia poderia ser compensada com o crédito indemnizatório. No caso afirmativo, a indemnização corresponderia à diferença entre o valor da parte expropriada e o montante da mais-valia auferida pela parte não expropriada (Cfr. Moitinho de Almeida, «*A Compensação de Lucros com Danos nas Expropriações por Utilidade Pública*», in *Revista de Direito e Estudos Sociais*, ano XVI, 1969, em especial págs. 239 e 244 a 247).

A este problema se reportava o n.º 3 do artigo 22.º do Código revogado. Não estava, pois, em causa nem a *determinação do valor dos bens*, como nele se escrevia, nem o caso, paradigmático nesse artigo, de *expropriação total*.

Inspirado em posições acolhidas noutros ordenamentos, mas adoptando uma solução própria, o preceito autorizava a compensação da mais-valia da parte não expropriada com o valor da parte expropriada desde que, cumulativamente, se verificasse que a referida valorização:

a) Tinha como causa directa a própria declaração de utilidade pública (e não factores de outra ordem, tais como a realização dos trabalhos que a expropriação viabilizava);

b) Era exclusiva do bem expropriado, não sendo, portanto, benefício idêntico àquele que resultava da referida declaração de utilidade pública para a generalidade dos cidadãos ou, mais restritamente, para os proprietários dos prédios vizinhos.

Poderia, todavia, questionar-se se, no caso de ser aplicável encargo de mais-valia sobre o acréscimo de valor do imóvel em consequência da realização do empreendimento público, podia efectuar-se a compensação do encargo que recaía sobra a parte não expropriada, com a indemnização a pagar pela expropriação. A nosso ver, a resposta devia ser negativa, por razões que se prendem com o momento que o encargo é cobrado. Enquanto, relativamente aos restantes proprietários, o encargo só seria pago ulteriormente, por vezes com um intervalo dilatado, seria imediatamente cobrado por compensação ao proprietário expropriado, colocando-o numa situação de desvantagem relativamente aos restantes, o que violaria o princípio da igualdade.

A eliminação do preceito constante do n.º 3 do artigo 22.º do Código revogado vem reabrir esta questão.

([1]) FERNANDO ALVES CORREIA, *Formas de Pagamento da Indemnização*, cit., pág. 42, considera que a indemnização está sujeita ao princípio constitucional «*paridade de*

30   *Código das Expropriações – art. 1.º (18)*

deverá ainda acrescer ao valor do bem o montante dos danos socialmente relevantes sofridos pelo expropriado em consequência da expropriação ([1]).

Em segundo lugar, a indemnização tem de ser, pelo menos, contemporânea da perda da propriedade, no sentido de que deve existir uma atribuição tão imediata quanto possível do montante indemnizatório ([2]).

A indemnização deve seguir-se, com um lapso temporal de curta duração ([3]) à perda da propriedade (como decorrência deste princípio, v. artigo 24.º). Em qualquer caso, entendemos que deve anteceder ou acompanhar a evicção. A perda da utilidade económica do bem expropriado, seja em consequência de autorização administrativa ao expropriante, ditada pela urgência da intervenção necessária à prossecução do fim de utilidade pública, seja em consequência de adjudicação judicial, é de tal modo grave para a economia do expropriado que não deve poder ocorrer sem que, pelo menos, sejam colocados à sua disposição não só o montante da indemnização que já tiver sido aceite pelo expropriante como, até, a parte da indemnização controvertida pelo expropriante, ainda que, naturalmente, mediante prestação de caução a manter até à liquidação definitiva da indemnização (v. artigo 20.º, n.º 1, alínea *a)*; artigo 52.º, n.ºˢ 3 e seguintes; artigo 66.º, n.ºˢ 3 e 4).

A imposição, ao expropriado, do pagamento em prestações, deve ter-se por constitucionalmente excluída ([4]).

---

valor», de modo que o valor total do património do sujeito afectado pela expropriação não sofra qualquer quebra em consequência desse facto. V., ainda, nota 5 ao artigo 22.º.

([1]) Particular relevância reveste a questão da indemnização nas expropriações de sacrifício (segunda acepção de expropriação) decorrentes dos planos de urbanismo. Para uma abordagem exaustiva da matéria, FERNANDO ALVES CORREIA, *O Plano Urbanístico*, cit., pág. 473 e segs.

([2]) O artigo 23.º, n.º 1, ao densificar o conceito constitucional de justa indemnização, não atribui à indemnização carácter prévio.

([3]) FERNANDO ALVES CORREIA, *Formas de Pagamento da Indemnização*, cit., pág. 42, entende que o princípio da paridade temporal impede que entre a aquisição do bem pelo expropriante e o pagamento da indemnização ao expropriado se intercale «*um lapso temporal de certa duração*».

([4]) O acórdão do Tribunal Constitucional, n.º 115/88, de 1 de Junho de 1988, *in Diário da República*, 2.ª Série, n.º 205, de 5 de Setembro de 1988, considerou inconstitucionais as normas dos artigos 13.º e 17.º do Decreto-Lei n.º 576/70, de 24 de Novembro (pagamento em prestações imposto coactivamente), por violarem o princípio da proporcionalidade ou da proibição de excessos. OLIVEIRA ASCENÇÃO, *O Urbanismo*, cit., págs. 333 e segs, considera que a imposição do pagamento da indemnização em

Código das Expropriações – art. 2.º   31

13. A garantia constitucional da propriedade poderia ser esvaziada de consistência prática se não fosse adjectivada por uma garantia procedimental e judicial. Não basta que o direito exista, é necessário que possa ser exercido, por via de acção ou de defesa, tanto administrativa como judicialmente.

A garantia procedimental implica o direito de os atingidos pela medida expropriativa (salvo prejuízo para a realização do interesse público, nos casos urgentes) serem ouvidos antes da providência se concretizar, deduzindo livremente as suas razões quanto à necessidade, oportunidade e extensão da expropriação. E implica, reflexamente, o dever de a autoridade competente para decretar a expropriação tomar em conta essas razões ao proferir a sua decisão ([1]).

A garantia processual determina que esses mesmos sujeitos possam controverter em juízo a decisão que decretou a utilidade pública da expropriação, mediante recurso contencioso, e sustentarem no processo de fixação da indemnização o seu ponto de vista sobre o valor desta. Paralelamente, impõe que possam, ainda, requerer judicialmente o necessário para que o processo de expropriação não seja entravado na fase administrativa pela inércia do expropriante em promover o seu andamento ou para que sejam supridas as nulidades ou irregularidades cometidas.

ARTIGO 2.º

Princípios gerais

Compete às entidades expropriantes e demais intervenientes no procedimento e no processo expropriativos prosseguir o interesse público, no respeito pelos direitos e interesses legalmente protegidos dos expropriados e demais interessados, observando, nomeadamente, os princípios da legalidade, justiça, igualdade, proporcionalidade, imparcialidade e boa fé.

---

prestações viola directamente o n.º 2 do artigo 65.º ao C.R.P.. Com uma extensa fundamentação da conclusão de inconstitucionalidade do princípio do pagamento em prestações, FERNANDO ALVES CORREIA, *Formas de Pagamento da Indemnização*, cit., págs. 40 e segs.

([1]) O Código das Expropriações vigente não contém norma idêntica à do n.º 5 do artigo 14.º do Código revogado, pelo que caberá à autoridade competente para emitir a declaração de utilidade pública promover, salvo no caso de urgência, a audiência dos interessados, nos termos dos artigos 100.º e segs. do Código do Procedimento Administrativo.

NOTAS:

1. O padrão ético de comportamento exigido ao expropriante corresponde aos deveres de conduta a que a Administração está genericamente sujeita em toda a sua actividade, de acordo com os princípios definidos no Capítulo II da Parte I do Código do Procedimento Administrativo, dado que tem de respeitar os direitos e interesses legítimos (i.e., legalmente protegidos) dos particulares, na maior extensão possível, assegurando que todos sejam *informados*, tratados com *justiça, igualdade e imparcialidade*, garantindo a *proporcionalidade* (ou proibição de excessos) das soluções e não podendo iludir a *confiança* dos particulares. A Administração deve evitar uma desigual distribuição de benefícios e de encargos, tratando da mesma forma situações idênticas e dando soluções diversas, mas entre si substancialmente harmónicas, a situações diferentes entre si.

No caso dos expropriantes particulares, a conduta exigida é expressão do princípio geral da boa fé (Código Civil, artigo 334.º).

2. O padrão ético de comportamento imposto quando se deparam vários titulares de bens ou direitos a adquirir não pode deixar de ser seguido quando haja um só expropriado ou não esteja em causa a aquisição, mas a constituição ou a extinção de um direito.

3. Dado que a chamada aquisição do bem «por via de direito privado» passa a inserir-se no *iter* do procedimento expropriativo (cfr. artigos 10.º e 11.º), os princípios enumerados no presente artigo são-lhe aplicáveis.

ARTIGO 3.º

Limite da expropriação

1 – A expropriação deve limitar-se ao necessário para a realização do seu fim, podendo, todavia, atender-se a exigências futuras, de acordo com um programa de execução faseada e devidamente calendarizada, o qual não pode ultrapassar o limite máximo de seis anos.

2 – Quando seja necessário expropriar apenas parte de um prédio, pode o proprietário requerer a expropriação total:

***a)* Se a parte restante não assegurar, proporcionalmente, os mesmos cómodos que oferecia todo o prédio;**

Código das Expropriações – art. 3.º (2)

b) Se os cómodos assegurados pela parte restante não tiverem interesse económico para o expropriado, determinado objectivamente.

3 – O disposto no presente Código sobre expropriação total é igualmente aplicável a parte da área não abrangida pela declaração de utilidade pública relativamente à qual se verifique qualquer dos requisitos fixados no número anterior.

NOTAS:

1. A expropriação não pode ir além do que se mostrar imprescindível para a realização do interesse público. A lei não exige, porém, que esse interesse público tenha de ser realizado integralmente de uma só vez. Desde que de imediato se inicie a prossecução do interesse público pode decretar-se a utilidade pública da expropriação da totalidade do bem.

2. A atendibilidade de necessidades futuras depende da verificação cumulativa dos requisitos seguintes:
   a) Devem conter-se dentro do fim de utilidade pública prosseguido através da expropriação;
   b) Devem estar contempladas num programa de execução que tem de acompanhar o pedido de expropriação dirigido à entidade competente para declarar a utilidade pública;
   c) Devem poder ser satisfeitas por fases, a que têm de corresponder datas determinadas ou determináveis a partir de uma data-base;
   d) Devem ser satisfeitas dentro do prazo máximo de seis anos.

3. Caso particular da relevância de exigências futuras é o regulamentado no artigo 4.º (expropriação por zonas ou lanços).

4. Os n.ᵒˢ 2 e 3 referem-se ao chamado «pedido de expropriação total». Declarada a utilidade pública da expropriação de parte de um imóvel, por não ser necessário adquirir a sua totalidade para satisfazer o interesse público, pode acontecer que o proprietário fique gravemente afectado pela diminuição dos cómodos da parte não expropriada, resultante do fraccionamento, considerado o seu destino económico efectivo à data da declaração.

Quando assim sucede, a lei, em dadas circunstâncias, tutela o interesse do proprietário, estabelecendo como que uma *indivisibilidade económica* do imóvel, que se traduz em a parte deste não expropriada seguir o destino da parte expropriada, a pedido do expropriado (v. nota 7 ao artigo 56.º).

5. As circunstâncias que determinam a indivisibilidade económica vêm indicadas no n.º 2 do presente artigo. Em qualquer dos casos aí referidos não está em causa, apenas, o valor da parte não expropriada, mas uma perda grave dos cómodos ou utilidades prestados por esta, em consequência do fraccionamento, em cuja determinação objectiva não poderá atender-se à mera eventualidade de um novo destino económico do bem nem a circunstâncias particulares atinentes apenas ao respectivo titular.

6. A entidade expropriante pode obstar à expropriação total se, através de obras adequadas, que se proponha realizar, conseguir evitar a situação que fundamenta a pretensão do expropriado (artigo 56.º).

7. «(...) O expropriado pode requerer a expropriação total quando a remanescente área não expropriada do prédio fique de tal forma afectada que não permita a capaz utilização e prossecução do destino económico do mesmo» (Acórdão do Supremo Tribunal de Justiça, de 8 de Maio de 1991, in *Boletim do Ministério da Justiça*, n.º 407, pág. 491).

8. «Só é legítimo expropriar por utilidade pública quando a expropriação for necessária para atingir tal desiderato, isto é, quando este não possa alcançar-se por meio menos gravoso e, expropriando, deve causar-se o menor dano ao particular expropriado» (Acórdão do Supremo Tribunal de Justiça (2.ª secção), de 6 de Outubro de 1992, no processo 26 345).

ARTIGO 4.º

Expropriação por zonas ou lanços

1 – Tratando-se de execução de plano municipal de ordenamento do território ou de projectos de equipamentos ou infra-estruturas de interesse público, podem ser expropriadas de uma só vez, ou por zonas ou lanços, as áreas necessárias à respectiva execução.

Código das Expropriações – art. 4.º (2)

2 – No caso da expropriação por zonas ou lanços, o acto de declaração de utilidade pública deve determinar, além da área total, a divisão desta e a ordem e os prazos para início da aquisição, com o limite máximo de seis anos.

3 – Os bens abrangidos pela segunda zona ou lanço e seguintes continuam na propriedade e posse dos seus donos até serem objecto de expropriação amigável ou de adjudicação judicial, sem prejuízo do disposto no artigo 19.º.

4 – Para o cálculo da indemnização relativa a prédios não compreendidos na primeira zona definida nos termos do n.º 2 são atendidas as benfeitorias necessárias neles introduzidas no período que mediar entre a data da declaração de utilidade pública e a data da aquisição da posse pela entidade expropriante da respectiva zona ou lanço.

5 - A declaração de utilidade pública a que se refere o presente artigo caduca relativamente aos bens cuja arbitragem não tiver sido promovida pela entidade expropriante dentro do prazo de um ano, ou se os processos respectivos não forem remetidos ao tribunal competente no prazo de 18 meses, em ambos os casos a contar do termo fixado para a aquisição da respectiva zona ou lanço.

6 – O proprietário e os demais interessados têm direito a ser indemnizados dos prejuízos directa e necessariamente resultantes de o bem ter estado sujeito a expropriação.

7 – A indemnização a que se refere o número anterior é determinada nos termos do presente Código, utilizando-se, na falta de acordo, o processo previsto nos artigos 42.º e seguintes, na parte aplicável, com as necessárias adaptações.

NOTAS:

1. O regime da expropriação por zonas ou lanços é ditado pelas particulares características do empreendimento a executar:

a) Quanto à *natureza*, deve consistir na execução de plano municipal de ordenamento do território, de equipamentos ou de infra-estruturas;

b) Quanto à *dimensão*, deve implicar a aquisição de grandes áreas;

c) Quanto ao *escalonamento temporal*, deve poder ser objecto de execução faseada.

2. A declaração de utilidade pública, nos termos do presente artigo, desencadeia duas ordens de efeitos sobre as parcelas abrangidas, consoante estejam incluídas na primeira zona ou lanço ou nos subsequentes.

Relativamente às primeiras, ocorre de imediato o efeito expropriativo: opera-se a ablação da propriedade, ficando a transferência do bem sujeita às regras gerais.

Relativamente às restantes, a declaração de utilidade pública produz desde logo a sujeição do prédio à expropriação, mas, em excepção à regra geral, a perda da propriedade não é imediata, pois só vem a ocorrer no momento em que o expropriante adquire o bem expropriado.

No período intermédio, o direito de propriedade, embora subsistindo, encontra-se *enfraquecido*: o proprietário, apenas tem direito a ser indemnizado pelas benfeitorias necessárias que introduzir no bem (melhoramentos destinados a evitar a sua perda, destruição ou perecimento – Código Civil, artigo 216.°) até ao momento em que o expropriante entre na posse do mesmo.

3. O n.° 3 permite tomar posse administrativa dos bens abrangidos pela segunda zona ou lanço ou pelos seguintes, nos termos do artigo 19.°. A remissão para essa norma implica, também, a aplicabilidade dos artigos 20.° e 21.°.

4. Mesmo depois de publicada a declaração de utilidade pública, podem os proprietários dos prédios compreendidos na segunda zona ou lanço ou nos subsequentes transmitir o seu direito de propriedade (designadamente para a entidade expropriante).

5. Sobre a caducidade da declaração de utilidade pública, v. notas 6 a 11 ao artigo 13.°.

ARTIGO 5.°

Direito de reversão

1 – Sem prejuízo do disposto no n.° 4, há direito a reversão:
a) **Se no prazo de dois anos, após a data de adjudicação, os bens expropriados não forem aplicados ao fim que determinou a expropriação;**
b) **Se, entretanto, tiverem cessado as finalidades da expropriação.**

Código das Expropriações – art. 5.º (2)

2 – Sempre que a realização de uma obra contínua determinar a expropriação de bens distintos, o seu início em qualquer local do traçado faz cessar o direito de reversão sobre todos os bens expropriados, sem prejuízo do disposto no n.º 9.

3 – Para efeitos do disposto no número anterior entende-se por obra contínua aquela que tem configuração geométrica linear e que, pela sua natureza, é susceptível de execução faseada ao longo do tempo, correspondendo a um projecto articulado, global e coerente.

4 – O direito de reversão cessa:

a) Quando tenham decorrido 20 anos sobre a data da adjudicação;

b) Quando seja dado aos bens expropriados outro destino, mediante nova declaração de utilidade pública;

c) Quando haja renúncia do expropriado;

e) Quando a declaração de utilidade pública seja renovada, com fundamento em prejuízo grave para o interesse público, dentro do prazo de um ano a contar de verificação dos factos previstos no n.º 1 anterior.

5 – A reversão deve ser requerida no prazo de três anos a contar da ocorrência do facto que a originou, sob pena de caducidade; decorrido esse prazo, assiste ao expropriado, até ao fim do prazo previsto na alínea *a)* do n.º 4, o direito de preferência na primeira alienação dos bens.

6 – O acordo entre a entidade expropriante e o expropriado ou demais interessados sobre outro destino a dar ao bem expropriado ou sobre o montante do acréscimo da indemnização que resultaria da aplicação do disposto no n.º 8 interpreta-se como renúncia aos direitos de reversão e de preferência.

7 – Se a entidade expropriante pretender alienar parcelas sobrantes, deve comunicar o projecto de alienação ao expropriado e demais interessados conhecidos cujos direitos não hajam cessado definitivamente, por carta ou ofício registado com aviso de recepção, com a antecedência mínima de 60 dias, findos os quais, não sendo exercido o direito de reversão ou, se for o caso, o direito de preferência, se entende que renunciam ao mesmo.

8 – No caso de nova declaração de utilidade pública ou de renovação da declaração anterior, o expropriado é notificado nos termos do n.º 1 do artigo 35.º para optar pela fixação de nova

38   *Código das Expropriações – art. 5.º (3)*

indemnização ou pela actualização da anterior ao abrigo do disposto no artigo 24.º, aproveitando-se neste caso os actos praticados.
    9 – Cessa o disposto no n.º 2 anterior se os trabalhos forem suspensos ou estiverem interrompidos por prazo superior a dois anos, contando-se o prazo a que se refere o n.º 5 anterior a partir do final daquele.

NOTAS:

    1. No Código das Expropriações de 1976 o direito de reversão estava de tal modo limitado que, em termos práticos, podia considerar-se inexistente.
    Assim ([1]):
    Havia sempre reversão: quando a entidade expropriada fosse uma autarquia local;
    Podia haver reversão: quando a entidade expropriante fosse de direito privado e os bens expropriados não fossem aplicados ao fim que determinara a expropriação ou tivesse cessado a aplicação a esse fim;
    Não havia reversão: quando a entidade expropriante fosse de direito público e o expropriado fosse de direito privado e, ainda, quando se tratasse de parcelas sobrantes ([2]).
    No Código de 1991, a reversão voltou a ser admitida em termos amplos (v. nota 10 ao artigo 1.º).

    2. A reversão pressupõe que a expropriação se consumou e que o prédio foi adjudicado ao expropriante.
    Pode acontecer que o expropriante, por razões várias, não chegue a utilizar o bem expropriado para o fim que determinou a expropriação ou deixe de o aplicar a esse fim a partir de certo momento.
    Ocorrendo qualquer destes factos, não há mais razão para que o bem expropriado tenha de se manter no património do expropriante, pelo que a lei atribui ao anterior proprietário o direito de o readquirir.
    «Esta faculdade atribuída ao expropriado de requerer a reversão ou retrocessão dos bens expropriados apresenta-se como um corolário

---

    ([1]) Cfr. MÁRIO JORGE DE LEMOS PINTO, *Código das Expropriações Anotado*, Coimbra, 1984, pág. 28.
    ([2]) No sentido da inconstitucionalidade destas limitações da reversão, v. Acórdão do Supremo Tribunal de Justiça, de 21 de Setembro de 1992, no processo 28 463, confirmado pelo Tribunal Constitucional.

do princípio constitucional da garantia da propriedade e manifesta-se como um efeito do jogo da causa da expropriação, isto é, do interesse público específico que motivou a expropriação e indicado no acto declarativo de utilidade pública. Quer dizer que o interesse público específico que constituir a causa da expropriação acompanha a vida deste instituto mesmo para além da sua consumação, de modo que perante o seu não cumprimento o expropriado pode requerer a reversão dos bens expropriados» ([1]).

3. O direito de reversão sobre os bens expropriados é regulado pela lei vigente à data do respectivo exercício ([2]).

4. Os n.ᵒˢ 2 e 3 prevêem um caso de extinção do direito paralelo aos enumerados no n.º 4. Referem-se, fundamentalmente, à construção de vias rodoviárias e de caminho de ferro.

Embora o n.º 3 estabeleça que a execução da obra contínua deve obedecer a um *projecto*, a expropriação pode ser decretada com base nos estudos que o antecedem ou que o enquadram, sendo apenas necessário que delimitem com precisão os imóveis a adquirir.

A extinção do direito de reversão nos termos do n.º 2 opera em relação a todos os imóveis, ainda que estes não sejam contíguos. A continuidade exigida pelo preceito refere-se à obra e não aos prédios expropriados.

5. A alínea *b*) do n.º 4 refere-se à afectação do bem expropriado a fim diverso do anteriormente previsto na declaração de utilidade pública. Quando se trate do mesmo fim, aplica-se o disposto na alínea *d*).

6. A renúncia à reversão pode ocorrer antes ou depois de verificado o facto que origina o direito e ser gratuita ou onerosa (n.º 6).

([1]) Fernando Alves Correia, *As Garantias do Particular*, cit., págs. 162 e segs. Em *O Plano Urbanístico*, cit., págs. 479 e seg., o mesmo autor considera que a reversão, embora dependente de requerimento do expropriado, tem a natureza de uma verdadeira *condição resolutiva*, no sentido de que a solidez da transferência da propriedade dos bens para a entidade expropriante, que decorre da expropriação, está dependente do facto de aquela dar ao bem expropriado o destino específico de utilidade pública que serviu de fundamento à expropriação. Cfr., ainda, Fausto de Quadros, *O Direito de Reversão, in Direito e Justiça*, vol. V, 1991, págs. 107 e segs.

([2]) Cfr. Fernando Alves Correia, *As Grandes Linhas da Recente Reforma do Direito do Urbanismo*, Coimbra, 1993, pág. 71 e segs., nota 52.

40 *Código das Expropriações – art. 6.º*

Designadamente, pode constar do acordo o que se referem os artigos 34.º e seguintes. Pode, ainda, ser total ou parcial.

Salvo nos casos regulados nos n.ᵒˢ 6 e 7, a renúncia deve ser expressa. A renúncia tácita à reversão das parcelas alienadas pelo expropriante não obsta à reversão da restante área expropriada quando, em relação a esta, se encontrarem reunidos os respectivos pressupostos.

7. Ao regime geral do exercício do direito de reversão faz excepção o disposto no n.º 7. Este preceito não é, obviamente, aplicável, se o direito de reversão já se encontrar extinto nos termos dos n.ᵒˢ 2, 4 ou 5 e deverá ser adaptado se os 60 dias ultrapassarem os prazos constantes da alínea *a)* do n.º 4 ou do n.º 5.

8. O disposto no n.º 8 coloca a questão da determinação do momento relevante para a determinação da indemnização, quando o expropriado opte pela fixação de uma nova indemnização ou não expresse a sua decisão.

No sistema do Código das Expropriações revogado a questão era tratada no âmbito da caducidade da declaração de utilidade pública e resolvia-se pela relevância do momento da publicação da declaração inicial.

O sistema do presente Código reforça, em geral, a vertente garantística (pelo menos nos aspectos processuais), pelo que nos inclinamos para a relevância do momento da publicação da segunda declaração de utilidade pública ou da renovação da inicial que, em princípio, poderá garantir uma melhor adequação da indemnização ao valor real do bem expropriado e, consequentemente, a sua justiça.

9. O direito legal de preferência exerce-se nos termos previstos nos artigos 416.º e seguintes do Código Civil. A acção de preferência encontra-se regulada no artigo 1465.º do Código de Processo Civil. V., ainda, o artigo 914.º do Código de Processo Civil.

ARTIGO 6.º

Afectação dos bens do domínio público

1 – As pessoas colectivas de direito público têm direito a ser compensadas, em dinheiro ou em espécie, como melhor convier aos fins públicos em causa, dos prejuízos efectivos que resultarem da

Código das Expropriações – art. 6.º (2)　　　　41

afectação definitiva dos seus bens de domínio público a outros fins de utilidade pública.

2 – Na falta de acordo, o montante da compensação é determinado por arbitragem, nos termos previstos neste Código, com as necessárias adaptações.

3 – Tornando-se desnecessária a afectação dos bens, estes são reintegrados no património das entidades a que se refere o n.º 1.

NOTAS:

1. A figura da afectação é tecnicamente distinta da expropriação, definindo-se como o «facto jurídico imputável à Administração de que resulta certos bens serem directa e imediatamente destinados a fins de utilidade pública ou ficarem adstritos a um serviço ou a uma pessoa singular ou colectiva para a realização de tais fins» ([1]).

2. O n.º 1 abrange não só os casos de afectação imediata, em que os bens afectados realizam por si mesmos, sem dependência essencial de um serviço, directa e imediatamente, um fim de utilidade pública, como também os de afectação mediata, em que a actuação de um serviço é essencial à realização do fim de utilidade pública ([2]). Parece estar em causa no preceito, apenas, a afectação expressa, i.é., aquela que resulta de um acto administrativo. A competência para a produção do acto de afectação parece dever coincidir com a competência para a declaração de utilidade pública (artigo 14.º).

3. Na falta de acordo sobre a compensação, esta é sempre prestada em dinheiro, dado o disposto no n.º 2.

4. Os bens não dominais das entidades públicas são adquiridas por via de direito privado, por expropriação ou mediante afectação a um uso dominial.

([1]) José Pedro Monteiro Fernandes, *Dicionário Jurídico da Administração Pública*, vol. I, Coimbra, 1990, pág. 269.

([2]) *Ibidem.*

ARTIGO 7.º

Expropriação de bens ou direitos
relativos a concessões e privilégios

1 – Com o resgate das concessões e privilégios outorgados para a exploração de obras ou serviços de utilidade pública podem ser expropriados os bens ou direitos a eles relativos que, sendo propriedade do concessionário, devam continuar afectos à obra ou ao serviço.

2 – A transferência de posse dos bens expropriados opera-se conjuntamente com a dos que constituem objecto de resgate, ainda que a indemnização não esteja fixada.

3 – No caso previsto na parte final do número anterior, a entidade expropriante deve proceder à cativação do saldo da dotação orçamental que suporta o encargo e renová-la em cada ano económico enquanto se justificar, ou proceder à caução nos termos da lei.

NOTAS:

1. Sobre o conceito de resgate v. nota 6 do artigo 1.º.

2. Concessão é o «acto (unilateral ou bilateral) por cujo intermédio uma pessoa colectiva de direito público encarrega uma entidade (privada ou pública) do desempenho de actividade incluída na esfera das suas atribuições e da sua competência» ([1]).

3. Da indemnização devida pelo resgate fará parte, além do lucro cessante, o valor dos bens afectados ao serviço da empresa, que, pelo acto do resgate, passam para o património da Administração. «Na verdade, entende-se que, salvo expressa convenção, a entidade resgatante sempre fica obrigada a suportar a transferência para o seu património dos capitais fixos com que se exercitava o serviço, mesmo que esses bens já não sejam os mais adequados para a satisfação dos intentos actuais do resgatante. Doutro modo o concessionário ficava na gravosa posição de ter que conservar bens, e na mais comum das hipóteses bens de alto valor, que deixariam de lhe ser úteis, e que nem sequer podia transaccionar vantajosamente com terceiros (...). Além disso há

([1]) ARMANDO MARQUES GUEDES, *Dicionário*, Vol. I, cit., pág. 531.

Código das Expropriações – art. 7.º (3)   43

que ter em conta o interesse inverso da Administração em assegurar a posse desses mesmos bens, que, à falta de disposição ou princípio adequado, o concessionário poderia recusar-se a entregar, com grave prejuízo para a continuidade do serviço» [2].

4. «O resgate pode ser legal, se apoiado unicamente na lei expressa, ou contratual, se resultante dos próprios termos do contrato de concessão.

«O resgate contratual não assumirá qualquer semelhança com o instituto expropriatório, porque, assentando desde logo num prévio acordo entre concedente e concessionário, já aí se prevê a obrigação de indemnizar o resgatado e, em regra, a aquisição pelo resgatante das máquinas e equipamentos pertença do concessionário.

«Logo, a aproximação com a expropriação só a encontraremos bem visível no acto do resgate legal, que, não previsto expressamente pelos contraentes (concedente e concessionário), é imposto pela Administração, mediante a prévia declaração de utilidade pública.

«(...) Um resgate legal importará, em regra, o montante do resgate propriamente dito, com o cálculo da respectiva indemnização, e, cumulativamente (mas facultativamente), a expropriação dos bens e direitos relativos às concessões e pretença do resgatado.

«Neste caso, tanto o resgate como a expropriação devem constar da declaração de utilidade pública.

«Mas, e por isto mesmo, no resgate contratual pode também haver expropriação. Não pelo resgate em si, mas dos bens e direitos relativos às concessões. É que o contrato, prevendo apenas a possibilidade de resgate, pode ter omitido a referência aos bens e direitos. E, neste caso, se é certo que em relação ao resgate não se poderá falar em expropriação, outro tanto não se passa em relação àqueles bens e direitos pertencentes aos concessionários, e que a Administração entenda que «devam continuar afectados ao respectivo serviço». Para estes poderá haver uma autêntica expropriação» [2].

5. A posse de bens expropriados com o resgate não carece de investidura judicial. A *transferência* desses bens opera *ex lege*, no

---

[1] ROGÉRIO SOARES, «*Nota sobre a Natureza Jurídica do Chamado Pré-Aviso de Resgate nas Concessões de Serviço Público*», in *Revista de Direito e Estudos Sociais*, ano VI, 1950/51, pág., 321.

[2] MÁRIO JORGE DE LEMOS PINTO, *Código*, cit., págs. 19 e segs.

44 *Código das Expropriações – art. 8.º*

momento em que a entidade resgatante entra na posse dos bens que eram objecto da concessão ou do privilégio (¹).

6. O pedido de expropriação de bens do concessionário não está sujeito às exigências de instrução impostas pelo artigo 12.º, conforme resulta da redacção do n.º 3. Se aquele preceito fosse globalmente aplicável, a exigência de caução seria inútil duplicação.

ARTIGO 8.º
Constituição de servidões administrativas

1 – Podem constituir-se sobre imóveis as servidões necessárias à realização de fins de interesse público.

2 – As servidões apenas dão lugar a indemnização quando:

a) **Inviabilizem a utilização que vinha sendo dada ao bem, considerado globalmente;**

b) **Inviabilizem qualquer utilização do bem, nos casos em que este não esteja a ser utilizado; ou**

c) **Anulem completamente o seu valor económico.**

3 – À constituição das servidões e à determinação da indemnização aplica-se o disposto no presente Código, com as necessárias adaptações, salvo o disposto em legislação especial.

NOTAS:

1. A doutrina (²) e a lei (³) definem servidão administrativa como o encargo imposto por disposição da lei sobre certo prédio em proveito da utilidade pública de uma coisa.

A constituição de uma servidão administrativa que cause prejuízos na esfera jurídica dos proprietários dos prédios onerados constitui uma medida expropriativa sempre que tais danos possam ser considerados especiais e anormais. Se não atingirem esse patamar de relevância não é constitucionalmente obrigatório que a lei preveja a sua indemnização.

(¹) Indevidamente refere o n.º 2 «objecto de resgate».

(²) Cfr. MARCELLO CAETANO, *Manual*, II, cit., pág. 1028.

(³) Alínea *i)* do artigo 3.º do Decreto-Lei n.º 448/91, de 29 de Novembro. Este diploma será revogado com a entrada em vigor do Decreto-Lei n.º 555/99, de 15 de Dezembro.

2. As servidões administrativas distinguem-se das restrições de utilidade pública porque estas «atingem o direito de propriedade onde quer que se exerça, independentemente, portanto, da vizinhança e do benefício de uma coisa. Por outras palavras: as servidões são estabelecidas em proveito da utilidade pública de certos bens, ao passo que as meras restrições visam a realização de interesses públicos abstractos, da utilidade pública ideal não corporizada na função de uma coisa»[1-2].

3. As servidões administrativas podem decorrer directamente da lei ou ser criadas através de um acto administrativo, previsto na lei e inserido na competência de um órgão administrativo em proveito da utilidade pública de um bem utilizado para prosseguir os fins da entidade pública ou privada que dela beneficia. Esse acto deve ser precedido de um processo de consulta pública em que os interessados são convidados, por anúncios na imprensa, a deduzirem as suas razões dentro do prazo de 30 dias (Decreto-Lei n.º 181/70, de 28 de Abril, artigo 3.º).

4. Os n.ºs 2 e 3 do artigo 8.º do Código das Expropriações revogado dispunham, respectivamente, que «as servidões fixadas directamente na lei não dão direito a indemnização, salvo se a própria lei determinar o contrário» e que «as servidões constituídas por acto admnistrativo dão direito a indemnização quando envolverem diminuição efectiva do valor ou do rendimento dos prédios servientes».

A solução era de duvidosa constitucionalidade, pois «(...) a constituição de uma servidão mediante expropriação terá de dar lugar sempre a indemnização, independentemente da *forma* que assumir o acto expropriatório (lei ou acto administrativo). As expropriações realizadas directamente pela lei estão subordinadas também à exigência constitu-

---

[1] MARCELLO CAETANO, op. cit., pág. 1038.

[2] MARCELLO CAETANO (loc. cit) apontava os seguintes caracteres das servidões administrativas: são sempre impostas por lei; são de utilidade pública; nem sempre são constituídas em benefício de um prédio; podem recair sobre coisas do mesmo dono; podem ser negativas ou positivas; quando exijam um acto definidor da Administração, só são impostas após a audiência dos interessados; só dão lugar a indemnização mediante disposição expressa da lei; são impostas e definidas por processos enérgicos e expeditos de coação; são inalienáveis e imprescritíveis e cessam com a desafectação dos bens dominiais ou com o desaparecimento da função pública das coisas dominantes.

46   *Código das Expropriações – art. 8.º (3)*

cional da indemnização, sob pena de inconstitucionalidade. Só não haverá indemnização quando, através da lei, forem criadas limitações ao uso do direito de propriedade, em termos de se entender que se está, não perante uma expropriação, mas perante uma limitação social do direito de propriedade» ([1-2]).

O n.º 2 do presente artigo uniformiza o regime de indemnização pela constituição de servidões administrativas, que passa a ser único, para as constituídas por acto administrativo e para as fixadas directamente na lei, sem que, no entanto, assegure o ressarcimento de todos os prejuízos sofridos pelos proprietários dos prédios onerados, ainda que especiais e anormais.

Quanto às primeiras, as limitações agora introduzidas constituem uma severa restrição da solução anterior. Quanto às segundas, fica-se longe de satisfazer os objectivos visados pelas críticas dirigidas aos preceitos revogados, permanecendo em aberto a questão da constitucionalidade.

5. Nos termos do artigo 25.º do Decreto-Lei n.º 59/99, de 2 de Março, é de conta dos empreiteiros de obras públicas o pagamento das indemnizações devidas pela constituição de servidões temporárias necessárias à execução dos trabalhos adjudicados, salvo se as partes acordarem noutra solução (v., ainda, artigo 158.º, n.º 2, do mesmo diploma).

6. As indemnizações devidas pelas servidões necessárias à implantação e exploração da rede de gás natural ou de oleodutos e gasodutos de gás de petróleo liquefeito ou produtos refinados são reguladas pelo Decreto-Lei n.º 11/94, de 13 de Janeiro (as segundas, por força da remissão constante do Decreto-Lei n.º 152/94, de 26 de Maio).

([1]) FERNANDO ALVES CORREIA, *As Garantias dos Particulares*, cit., pág. 90.

([2]) O Tribunal Constitucional declarou, com força obrigatória geral, a inconstitucionalidade do n.º 2 do artigo 8.º do Código revogado, mas só na medida em que não permite que haja indemnização nas servidões fixadas directamente na lei que incidam sobre a parte sobrante do prédio parcialmente expropriado, desde que essa parcela já tivesse, anteriormente ao processo expropriativo, capacidade edificativa, por violação dos artigos 13.º, n.º 1 e 62.º, n.º 2, da Constituição (Acórdão n.º 331/99, de 2 de Junho, *in Diário da República*, 1.ª série A, n.º 162, de 14 de Julho de 1999).

Código das Expropriações – art. 9.º 47

7. «Nas expropriações por utilidade pública são indemnizáveis as desvalorizações de terrenos sobrantes da parte expropriada de prédios para implantação de uma auto-estrada, devidas à constituição de servidões "non aedificandi"» (Acórdão do Supremo Tribunal de Justiça, de 20 de Outubro de 1994, no processo 84 492).

ARTIGO 9.º
Conceito de interessados

1 – Para os fins deste Código, consideram-se interessados, além do expropriado, os titulares de qualquer direito real ou ónus sobre o bem a expropriar e os arrendatários de prédios rústicos ou urbanos.

2 – O arrendatário habitacional de prédio urbano só é interessado, nessa qualidade, quando prescinda de realojamento equivalente, adequado às suas necessidades e às daqueles que com ele vivam em economia comum à data da declaração de utilidade pública.

3 – São tidos por interessados os que no registo predial, na matriz ou em títulos bastantes de prova que exibam figurem como titulares dos direitos a que se referem os números anteriores ou, sempre que se trate de prédios omissos ou haja manifesta desactualização dos registos e das inscrições, aqueles que pública e notoriamente forem tidos como tais.

NOTAS:

1. O conceito de interessado, no presente artigo, não se reporta à titularidade do direito a ser indemnizado pelo expropriante. Basta ter em atenção que, na expropriação da propriedade de um imóvel, o usufrutuário e o credor hipotecário, entre outros, estando abrangidos pelo conceito de interessados, não são credores de indemnização e apenas passam a exercer o seu direito sobre a aquela que for atribuída ao proprietário ([1]). Por outro lado, os artigos 34.º e seguintes comprovam que não está em causa apenas a legitimidade processual, pois o interesse neles tutelado é de natureza substantiva.

([1]) Cfr. artigos 1480.º, n.º 2, e 692.º, n.º 3, do Código Civil.

48 *Código das Expropriações – art. 9.º (2)*

Interessados são, por conseguinte, não só os titulares de direito a indemnização (autónoma ou não), mas ainda todos os que, em função da sua posição jurídica anterior, relativa ao bem expropriado, podem fazer valer um direito sobre a indemnização.

2. Ao expropriado ou interessado incapaz, ausente ou desconhecido, cuja representação não esteja organizada, deve ser nomeado judicialmente curador provisório (artigo 41.º). O curador provisório deve intervir no processo de expropriação amigável e pode celebrar o acordo a que se referem os artigos 34.º e seguintes.

3. Conforme resulta do n.º 3 do artigo 9.º, do n.º 4 do artigo 37.º, do n.º 2 do artigo 40.º e do artigo 53.º, o Código das Expropriações consagra o princípio da legitimidade aparente. Qualquer interessado no processo de expropriação por utilidade pública que não tiver sido convocado pode nele intervir a qualquer momento, mas sem que daí resulte a repetição de quaisquer termos ou diligências. Todavia, no caso de acordo sobre o montante da indemnização («expropriação amigável»), o processo reabrir-se-á se tiver havido dolo ou culpa grave do expropriante na exclusão de algum interessado (artigo 37.º, n.º 5).

4. «O Código das Expropriações consagra o princípio da legitimidade aparente e, nesta conformidade, mesmo que algum interessado no processo de expropriação por utilidade pública não tenha sido convocado, ele passa a poder intervir no processo a qualquer momento, embora se não devam repetir quaisquer termos ou diligências (...).

«O disposto no n.º 2 do artigo 47.º do Código das Expropriações não ofende o princípio do contraditório, porque a lei manda observar medidas tendentes a que os interessados tenham conhecimento do processo de expropriação e nele possam intervir.

«Se a sentença que fixar a indemnização e os actos subsequentes forem anulados devido ao vício de omissão de pronúncia (artigo 668.º, n.º 1, alínea *d)*, 1.ª parte, do Código do processo Civil), não deve ser observado o regime prescrito na parte final no n.º 2 do artigo 47.º do Código das Expropriações, de se não deve-rem repetir os termos e as diligências já efectuadas» (Acórdão do Supremo Tribunal de Justiça, de 20 de Dezembro de 1984, *in Boletim do Ministério da Justiça*, n.º 342, pág. 334).

Código das Expropriações – art. 10.º   49

5. O explorar de pedreira é interessado na expropriação para efeito de intervir no respectivo processo.

6. O realojamento equivalente, adequado às necessidades do arrendatário habitacional, referido no n.º 2, é aquele que reúne os requisitos exigidos pelo n.º 2 do artigo 30.º.

TÍTULO II
Da declaração de utilidade pública e da autorização de posse administrativa

ARTIGO 10.º
Resolução de expropriar

1 – A resolução de requer a declaração de utilidade pública da expropriação deve ser fundamentada, mencionando expressa e claramente:
   a) **A causa de utilidade pública a prosseguir e a norma habitante;**
   b) **Os bens a expropriar, os proprietários e demais interessados conhecidos;**
   c) **A previsão do montante dos encargos a suportar com a expropriação;**
   d) **O previsto em instrumento de gestão territorial para os imóveis a expropriar e para a zona da sua localização.**

2 – As parcelas a expropriar são identificadas através da menção das descrições e inscrições na conservatória a que pertençam e das inscrições matriciais, se não estiverem omissas, ou de planta parcelar contendo as coordenadas dos pontos que definem os limites das áreas a expropriar, reportadas à rede geodésica, e, se houver planta cadastral, os limites do prédio, desde que situados a menos de 300 metros dos limites da parcela, em escala correspondente à do cadastro geométrico da propriedade ou, na falta deste, em escala graficamente representada não inferior a 1:1000, nas zonas interiores dos perímetros urbanos, ou a 1:2000 nas exteriores.
3 – Os proprietários e demais interessados conhecidos são identificados através do nome, firma, denominação, residência habitual ou sede.

50   *Código das Expropriações – art. 11.º*

4 – A previsão dos encargos com a expropriação tem por base a quantia que for determinada previamente em avaliação, documentada por relatório, efectuada por perito da lista oficial, da livre escolha da entidade interessada na expropriação.

5 – A resolução a que se refere o n.º 1 anterior é notificada ao expropriado e aos demais interessados cuja morada seja conhecida, mediante carta ou ofício registado com aviso de recepção.

ARTIGO 11.º
Aquisição por via de direito privado

1 – A entidade interessada, antes de requerer a declaração de utilidade pública, deve diligenciar no sentido de adquirir os bens por via de direito privado, salvo nos casos previstos no artigo 15.º, e nas situações em que, jurídica ou materialmente, não é possível a aquisição por essa via.

2 – A notificação a que se refere o n.º 5 do artigo anterior deve incluir proposta de aquisição, por via de direito privado, que terá como referência o valor constante no relatório do perito.

3 – No caso referido no n.º 2 do artigo 9.º, a proposta é apresentada como alternativa ao realojamento nele previsto.

4 – Não sendo conhecidos os proprietários e os demais interessados ou sendo devolvidas as cartas ou ofícios a que se refere o n.º 5 do artigo anterior, a existência de proposta é publicitada através de editais a afixar nos locais de estilo do município do lugar da situação do bem ou da sua maior extensão e das freguesias onde se localize e em dois números seguidos de dois dos jornais mais lidos da região, sendo um destes de âmbito nacional.

5 – O proprietário e os demais interessados têm o prazo de 20 dias, contados a partir da recepção da proposta, ou de 30 dias, a contar da última publicação nos jornais a que se refere o número anterior, para dizerem o que se lhes oferecer sobre a proposta apresentada, podendo a sua contraproposta ter como referência o valor que for determinado em avaliação documentada por relatório elaborado por perito da sua escolha.

6 – A recusa ou a falta de resposta no prazo referido no número anterior ou de interesse na contraproposta confere, de imediato, à entidade interessada na expropriação a faculdade de apresentar o requerimento para a declaração de utilidade pública, nos termos

Código das Expropriações – art. 12.º 51

do artigo seguinte, notificando desse facto os proprietários e demais interessados que tiverem respondido.

7 – Se houver acordo, a aquisição por via do direito privado poderá ter lugar ainda que a área da parcela, ou da parte sobrante, seja inferior à unidade de cultura.

ARTIGO 12.º

Remessa do requerimento

1 – O requerimento da declaração de utilidade pública é remetido, conforme os casos, ao membro do Governo ou ao presidente da assembleia municipal competente para a emitir, devendo ser instruído com os seguintes documentos:

a) Cópia da resolução a que se refere o n.º 1 do artigo 10.º e da respectiva documentação;

b) Todos os elementos relativos à fase de tentativa de aquisição por via de direito privado quando a ela haja lugar e indicação das razões do respectivo inêxito;

c) Indicação da dotação orçamental que suportará os encargos com a expropriação e da respectiva cativação, ou caução correspondente;

d) Programação dos trabalhos elaborada pela entidade expropriante, no caso de urgência, bem como a fundamentação desta;

e) Estudo do impacte ambiental, quando legalmente exigido.

2 – Se o requerente for entidade de direito privado, deve comprovar que se encontra caucionado o fundo indispensável para o pagamento das indemnizações a que haja lugar.

3 – A entidade requerida pode determinar que o requerente junte quaisquer outros documentos ou preste os esclarecimentos que entenda necessários.

NOTAS AOS ARTIGOS 10.º, 11.º E 12.º

1. A colocação sistemática e a articulação das matérias tratadas nos artigos 10.º e 11.º põem em relevo que, na perspectiva do legislador, a aquisição através da designada «via de direito privado» constitui uma via de excepção, i.e., *um meio de obstar à expropriação*, desen-

52　　*Código das Expropriações – Notas aos artigos 10.º 11.º e 12.º (2)*

cadeado quando a entidade interessada em aplicar o bem na satisfação de um fim de utilidade pública posto a seu cargo já resolveu requerer a respectiva expropriação.

Daqui resulta que, embora o particular mantenha a plenitude da propriedade (Código Civil, artigo 1305.º), o bem pode sofrer – e, na maioria dos casos, sofrerá – uma desvalorização no mercado imobiliário. Por outro lado, a prévia existência da decisão ou deliberação de requerer a expropriação constitui, só por si, uma forte limitação à liberdade que deveria assistir ao proprietário na ponderação da resposta a dar à proposta de aquisição.

2. A resolução de requerer a declaração de utilidade pública é proferida pelo órgão da entidade interessada na expropriação competente para o efeito, de acordo com as disposições legais ou estatutárias aplicáveis (¹) e deve especificar a norma habilitante (v. *supra*, nota 9 ao artigo 1.º), o empreendimento ou projecto em que vai ser aplicado concretamente, os bens a atingir com a medida, identificados nos termos do n.º 3, a identidade dos proprietários e dos demais interessados, quando conhecidos, a estimativa dos encargos a suportar com a expropriação (indemnização), conforme avaliação efectuada por perito da lista oficial da livre escolha daquela entidade e as disposições do instrumento ou dos instrumentos de gestão territorial aplicáveis aos imóveis a expropriar ou à zona da respectiva localização. Se for requerida a atribuição de carácter urgente à expropriação deverá conter a respectiva fundamentação, suportada pelo programa de trabalhos elaborado pela entidade interessada na expropriação.

3. São instrumentos de gestão territorial (²):

a) Os instrumentos de desenvolvimento territorial de natureza estratégica (programa nacional da política de ordenamento do território, planos regionais de ordenamento do território e planos intermunicipais de ordenamento do território);

b) Os instrumentos de planeamento territorial de natureza regulamentar (plano director municipal, plano de urbanização e plano de pormenor);

c) Os instrumentos de política sectorial com incidência territorial (planos sectoriais de transportes, comunicações, energia, recur-

---

(¹) No caso dos municípios, a respectiva câmara municipal (Lei n.º 169/99, de 1ö de Setembro, artigo 64.º, n.º 7, alínea *c)*).

(²) Lei n.º 48/98, de 11 de Agosto, artigos 8.º e 9.º.

Código das Expropriações – Notas aos artigos 10.º, 11.º e 12.º (3)

sos geológicos, educação, formação, cultura, saúde, habitação, turismo, agricultura, comércio e indústria, florestas, ambiente, etc.);

d) Os instrumentos de natureza especial (planos de ordenamento da orla costeira, planos de protecção das albufeiras de águas públicas e planos das áreas naturais protegidas).

4. Na avaliação dos bens cuja expropriação se pretende requerer, o perito da lista oficial escolhido pela entidade interessada deve pautar-se, ao elaborar o seu relatório, pelas regras e pelos critérios que regem a determinação da indemnização (artigos 23.º e seguintes).

5. A resolução de requerer a declaração de utilidade publica da expropriação de um determinado bem é notificada ao respectivo proprietário e demais interessados conhecidos.

Essa notificação servirá, também, para apresentar a proposta de aquisição do bem por via de direito privado, a qual só não terá lugar se a expropriação tiver sido requerida com carácter urgente ou se, jurídica ou materialmente, não for possível a utilização da via de direito privado.

A situação de urgência que dispensa a tentativa de aquisição por via de direito privado deverá encontrar-se devidamente fundamentada na deliberação a que se refere o artigo 10.º e ser suportada pelo plano de trabalhos elaborado pela entidade interessada na expropriação.

Cabe à autoridade competente para declarar a utilidade pública decidir se estão reunidos os requisitos necessários para a atribuição do carácter urgente à expropriação. Se o carácter urgente da expropriação não puder ser declarado, o procedimento deverá reiniciar-se para efeitos de aplicação do disposto no artigo 11.º.

6. No domínio dos acordos amigáveis costuma distinguir-se entre *cessão amigável* e *adesão à expropriação* ([1]).

Na cessão amigável a entidade interessada na expropriação negoceia com o proprietário a transmissão do bem, de modo a evitar-se a ablação forçada da propriedade.

A chamada aquisição por via de direito privado, regulada no artigo 11.º do Código das Expropriações corresponde precisamente à figura da cessão amigável.

([1]) Sobre a adesão à expropriação (ou expropriação amigável) v. artigos 33.º e segs.

54   *Código das Expropriações – Notas aos artigos 10.º, 11.º e 12.º (4)*

Trata-se de uma compra e venda (¹) que, por se inserir no procedimento de expropriação, a lei sujeita a determinadas formalidades e regras: avaliação do bem por perito da lista oficial (artigo 10.º, n.º 4), prazo de resposta do proprietário (artigo 11.º, n.º 5), requisitos de passagem à subsequente fase da expropriação (artigo 11.º, n.º 6).

No caso de se malograr a aquisição por via de direito privado e de ser declarada a utilidade pública da expropriação, quando esta for acompanhada de autorização para a posse administrativa do terreno, a lei atribui ao expropriado, como montante mínimo da justa indemnização compensatória, a quantia determinada na avaliação em que se fundamentou resolução de requerer a expropriação (²).

Por isso mesmo, a lei impõe que essa avaliação seja efectuada por um perito da lista oficial.

7. Deve ser dirigida uma proposta a cada titular (ou contitular) conhecido dos bens ou direitos a transmitir ou a extinguir.

No caso particular dos inquilinos habitacionais, a proposta deverá oferecer, em alternativa ao valor do seu direito, realojamento em imóvel que lhes proporcione uma utilidade equivalente ao gozo locativo proporcionado pelo bem.

8. Nos casos em que há lugar à publicação da proposta, a lei manda noticiar apenas a sua *existência*, não o seu conteúdo. Neste caso, querendo o proprietário ou qualquer interessado, alertado por essa via, inteirar-se do teor da proposta, deverá solicitá-lo à entidade expropriante. Mas esta diligência não tem qualquer repercussão sobre o prazo de resposta.

9. Se o proprietário e os demais interessados apresentarem uma contraproposta que a entidade interessada na expropriação entenda não dever rejeitar, seguir-se-á um período de negociações.

A entidade interessada na expropriação, neste caso, ficará desobrigada de prosseguir as negociações:
   a) Quando concluir, em boa fé, que não é possível ultrapassar a divergência entre as partes;

(¹) Ou do contrato que, no caso, se mostrar adequado.

(²) Dependendo, até, a concretização da posse administrativa, entre o mais, do depósito prévio dessa quantia, salvo em caso de urgência (artigo 20.º, n.º 1, alínea *b)* e n.º 5, alínea *a)*).

Código das Expropriações – Notas aos artigos 10.º, 11.º e 12.º (5)

b) Quando a conduta do proprietário e ou dos demais interessados se mostre meramente dilatória;

c) Quando se fruste a negociação com algum dos titulares de bens ou de direitos cujo assentimento seja juridicamente necessário para viabilizar o contrato.

10. No contrato deve observar-se a forma legalmente necessária e nele podem estabelecer-se, entre outras cláusulas que as partes tiverem por convenientes:

a) O pagamento diferido ou em prestações do preço acordado, as garantias e os juros;

b) O pagamento total ou parcial através da entrega de bens ou de direitos.

11. A caução a que se refere o n.º 2 do artigo 12.º deve ser prestada à ordem do juiz de direito da Comarca competente para o processo de expropriação litigiosa mediante depósito de dinheiro, títulos de crédito, pedras ou metais preciosos, penhor, hipoteca, fiança ou garantia bancária ou, ainda, seguro de caução, nos termos dos n.ºs 1 e 2 do artigo 623.º do Código Civil.

Uma vez que a caução é prestada na fase procedimental, quando consista em depósito na Caixa Geral de Depósitos, a respectiva guia deve indicar que o exemplar contendo o «conhecimento de depósito», a apor pelos serviços daquela instituição de crédito, será remetido directamente à entidade depositante, sem o que seguiria para o tribunal designado onde, na falta de antecedentes, seria arquivado, devolvido à Caixa Geral de Depósitos ou remetido ao depositante.

12. Em certos casos, a realização do empreendimento que determina a necessidade da expropriação impõe a prévia aprovação de um estudo de impacte ambiental, nos termos do Decreto-Lei n.º 186/90, de 6 de Junho, rectificado no *Diário da República*, 1.ª Série, de 31 de Julho de 1990, e alterado pelo Decreto-Lei n.º 278/97, de 8 de Outubro. Importam particularmente os respectivos artigos 2.º, 3.º, 7.º e 8.º, bem como os Anexos I e II, que se transcrevam [1]:

Art. 2.º – 1 – A aprovação de projectos que, pela sua natureza, dimensão ou localização, se considerem susceptíveis de

---

[1] V., ainda, o artigo 9.º do Decreto-Lei n.º 140/99, de 24 de Abril (revê a transposição para a ordem jurídica interna da Directiva n.º 74/409/CEE, do Conselho,

56 *Código das Expropriações – Notas aos artigos 10.º, 11.º e 12.º (6)*

provocar incidências significativas no ambiente fica sujeita a um processo prévio de avaliação do impacte ambiental (AIA), como formalidade essencial, da competência do membro do Governo responsável pela área do ambiente.

2 – A AIA atende aos efeitos directos e indirectos dos projectos sobre os seguintes factores:

a) O homem, a fauna e a flora;

b) O solo, a água, o ar, o clima e a paisagem;

c) A intervenção dos factores referidos nas alíneas anteriores;

d) Os bens materiais e o património cultural.

3 – Consideram-se abrangidos pelo disposto no n.º 1 os projectos constantes do anexo I ao presente diploma, do qual faz parte integrante.

4 – Um projecto específico, abrangido pelas disposições do presente diploma, pode, em casos excepcionais, ser isento da AIA, por decisão conjunta do membro do Governo competente na área do projecto, em razão da matéria, adiante designado 'de tutela', e do membro do Governo responsável pela área do ambiente.

5 – Para efeitos de instrução do pedido de isenção, o dono da obra respectivo deve dirigir tal pedido à entidade competente para licenciar ou aprovar o referido projecto, fazendo acompanhar o requerimento dos seguintes elementos:

a) Descrição do projecto;

b) Descrição da acção que pretende realizar;

c) Indicação dos principais efeitos no ambiente;

d) Justificação do pedido.

6 – Para efeitos do disposto no número anterior, a entidade responsável pelo licenciamento ou aprovação analisa sumariamente tal pedido, pronuncia-se sobre o mesmo e remete-o à Direcção-Geral do Ambiente, a qual, caso considere que há motivos para isentar o projecto em causa, deve:

a) Decidir sobre a necessidade de realização de outra forma de avaliação dos efeitos ambientais;

---

de 2 de Abril – conservação de aves selvagens – e da Directiva n.º 92/43/CEE, do Conselho, de 21 de Maio – persevação dos *habitat* naturais e da fauna e da flora selvagem); Decreto Regulamentar Regional n.º 14/91/M, de 11 de Julho, *in Diário da República*, 1.ª série-B, de 16 de Agosto.

Código das Expropriações – Notas aos artigos 10.º, 11.º e 12.º (7) 57

b) Solicitar à entidade competente a consulta do público interessado, disponibilizando a informação, devidamente justificada, das razões que possam determinar tal isenção.

7 – Para efeitos do disposto na alínea *b)* do número anterior, o prazo de consulta pública da informação justificativa de isenção é de 20 dias úteis.

8 – A decisão a emitir sobre o pedido de isenção deve considerar e apreciar os resultados da consulta pública, bem como de todos os elementos constantes do processo.

9 – Caso haja uma decisão de isenção, e antes de ser concedido o licenciamento ou aprovação do projecto em causa, deve o membro do Governo responsável pela área do ambiente informar a Comissão Europeia das razões da isenção.

Art. 3.º – 1 – Para efeitos da AIA, os donos da obra devem apresentar, no início do processo conducente à autorização ou licenciamento do projecto, à entidade pública competente para tal decisão um estudo de impacte ambiental (EIA).

2 – A entidade pública referida no número anterior enviará, de imediato, ao membro do Governo responsável pela área do ambiente:

a) O projecto em causa;

b) O EIA;

c) Outros elementos que considere convenientes para a correcta apreciação do projecto.

3 – O EIA deve, pelo menos, incluir:

a) Uma descrição do projecto, com informação relativas à sua localização, concepção e dimensões;

b) Uma descrição das medidas previstas para evitar, reduzir e, se possível, remediar os efeitos negativos significativos;

c) Os dados necessários para identificar e avaliar os efeitos principais que o projecto possa ter sobre o ambiente;

d) Um resumo não técnico das informações referidas nas alíneas anteriores.

4 – As especificações constantes do anexo II ao presente diploma, do qual faz parte integrante, devem ser tidas em conta na elaboração do EIA, na medida em que estas se mostrem adequadas ao tipo de projecto, sua fase específica e características,

58   *Código das Expropriações – Notas aos artigos 10.º, 11.º e 12.º (8)*

bem como aos elementos do ambiente que possam ser afectados, e ainda aqueles cuja existência se afigure razoável em face, nomeadamente, dos conhecimentos e métodos de avaliação existente.

5 – Na apreciação do EIA ter-se-ão em conta os efeitos cumulativos ou sinérgicos do empreendimento sobre os componentes ambientais.

Art. 7.º – 1 – Os projectos constantes do anexo III serão submetidos a AIA, nos termos e de acordo com os critérios e limiares a definir mediante decreto regulamentar, tendo em atenção, nomeadamente, a dimensão, a natureza e a localização dos projectos ([1]).

2 – O decreto regulamentar a que se refere o número anterior deve, relativamente aos projectos constantes nos anexos I e III, definir o processo a seguir e, bem assim, a instituição de mecanismos de acompanhamento e fiscalização.

Art. 8.º O disposto no presente diploma não se aplica aos empreendimentos considerados pelo Governo como de interesse para a defesa e segurança nacionais.

ANEXO I

1 – Refinarias de petróleo (excluindo as empresas que produzem unicamente lubrificantes a partir do petróleo bruto) e instalações de gasificação e de liquefacção de, pelo menos, 500 t de carvão ou de xisto betuminoso por dia.

2 – Centrais térmicas e outras instalações de combustão com uma calorífica de, pelo menos, 300 MW e centrais nucleares e outros reactores nucleares (excluindo as instalações de pesquisa para a produção e transformação de matérias cindáveis e férteis, cuja potência máxima não ultrapasse 1 kW de carga térmica contínua).

3 – Instalações exclusivamente destinadas à armazenagem permanente ou à eliminação definitiva de resíduos radioactivos.

4 – Fábricas integradas para a primeira fusão de ferro fundido e de aço.

([1]) V. Decreto Regulamentar n.º 38/90, de 27 de Novembro.

Código das Expropriações – Notas aos artigos 10.º, 11.º e 12.º (9) 59

5 – *Instalações destinadas à extracção de amianto e transformação de amianto e de produtos que contém amianto: em relação aos produtos de amianto-cimento, uma produção anual de mais de 20 000 t de produtos acabados; em relação ao material de atrito, uma produção anual de mais de 50 t de produtos acabados; em relação às outras utilizações do amianto, uma utilização de mais de 200 t por ano.*

6 – *Instalações químicas integradas.*

7 – *Construção de auto-estradas, de vias rápidas (^{1}), de vias para o tráfego de longa distância dos caminhos-de-ferro e de aeroportos (^{2}) cuja pista de descolagem e de aterragem tenha um comprimento de 2100 m ou mais.*

8 – *Portos de comércio marítimo e vias navegáveis e portos de navegação interna que permitam o acesso a barcos com mais de 1350 t.*

9 – *Instalações de eliminação dos resíduos tóxicos e perigosos por incineração, tratamento químico ou armazenagem em terra.*

....

ANEXO III

1 – *Agricultura:*
a) *Projectos de emparcelamento rural;*
b) *Projectos para destinar as terras não cultivadas ou as áreas seminaturais à exploração agrícola intensiva;*
c) *Projectos de hidráulica agrícola;*
d) *Primeiros repovoamento florestais, quando podem provocar transformações ecológicas negativas, e reclamação de terras para permitir a conversão num outro tipo de exploração do solo;*
e) *Instalação para a criação de aves de capoeira;*
f) *Instalação para a criação de gado porcino e bovino;*
g) *Piscicultura de salmonídeos;*
h) *Recuperação de terrenos ao mar.*

(^{1}) Entende-se por «via rápida» uma estrada que corresponda à definição do acordo Europeu de 15 de Novembro de 1975 sobre as Vias de Tráfego Internacional.

(^{2}) Entende-se por «aeroporto» um aeroporto que corresponda à definição da Convenção de Chicago de 1944 Relativa à Criação da Organização da Avaliação Civil Internacional (anexo n.º 14).

60   *Código das Expropriações – Notas aos artigos 10.º, 11.º e 12.º (10)*

2 – *Indústria extractiva:*
a) *Extracção de turfa;*
b) *Perfurações em profundidade, com excepção das perfurações para estudar a estabilidade dos solos, nomeadamente:*
   i) *Perfurações geotérmicas;*
   ii) *Perfurações para armazenamento de resíduos nucleares;*
   iii) *Perfurações para o abastecimento de água;*
c) *Extracção de minerais não metálicos nem produtores de energia, como o mármore, a areia, o cascalho, o xisto, o sal, os fosfatos e a potassa;*
d) *Extracção de hulha e de linhite em explorações subterrâneas;*
e) *Extracção de hulha e linhite a céu aberto;*
f) *Extracção de petróleo;*
g) *Extracção de gás natural;*
h) *Extracção de minerais metálicos;*
i) *Extracção de xistos betuminosos;*
j) *Extracção a céu aberto de minerais não metálicos nem produtores de energia;*
l) *Instalação de superfície para a extracção de hulha, de petróleo, de gás natural, de minérios e de xistos betuminosos;*
m) *Instalações para fabrico de coque (destilação seca do carvão);*
n) *Instalações destinadas ao fabrico de cimento.*

3 – *Indústria de energia:*
a) *Instalações industriais destinadas à produção de energia eléctrica, de vapor e de água quente (que não constem do anexo I);*
b) *Instalações de indústrias destinadas ao transporte de gás, de vapor e de água quente e transporte de energia eléctrica por cabos aéreos;*
c) *Armazenagem à superfície de gás natural;*
d) *Armazenagem subterrânea de gases combustíveis;*
e) *Armazenagem à superfície de combustíveis fósseis;*
f) *Aglomeração industrial de hulha e lilhite;*
g) *Instalações para a produção ou enriquecimento de combustíveis nucleares;*

Código das Expropriações – Notas aos artigos 10.º, 11.º e 12.º (11)   61

h) *Instalações para o reprocessamento de combustíveis nucleares irradiados;*

i) *Instalações para a recolha e processamento de resíduos radioactivos (que não constem do anexo I);*

j) *Instalações destinadas à produção de energia hidroeléctrica.*

4 – *Processamento de metais:*

a) *Siderurgias, incluindo fundições, forjas, trefilarias e laminadores (que não constem do anexo I);*

b) *Instalações de produção, incluindo fusão, refinação, estiragem e laminagem dos metais não ferrosos, excluindo os metais preciosos;*

c) *Estampagem e corte de grandes peças;*

d) *Tratamento de superfícies e revestimento de metais;*

e) *Fabrico de caldeiras, fabrico de reservatórios e outras peças de chapa;*

f) *Fabrico e montagem de veículos automóveis e de motores de automóveis;*

g) *Estaleiros navais;*

h) *Instalações para a construção e reparação de aeronaves;*

i) *Fabrico de material ferroviário;*

j) *Estampagem de fundos por explosivos;*

l) *Instalação de calcinação e sinterização de minérios metálicos.*

5 – *Fabrico de vidro.*

6 – *Indústria química:*

a) *Tratamento de produtos intermédios e fabrico de produtos químicos (que não constem do anexo I);*

b) *Fabrico de pesticidas e produtos farmacêuticos, de tintas e vernizes, elastómeros e peróxidos;*

c) *Instalações para armazenagem de petróleo e de produtos petroquímicos e químicos.*

7 – *Indústria dos produtos alimentares:*

a) *Indústria de gorduras vegetais e animais;*

b) *Fabrico de conservas de produtos animais e vegetais;*

c) *Produção de lacticínios;*

62 *Código das Expropriações – Notas aos artigos 10.º, 11.º e 12.º (12)*

d) *Indústria de cerveja e de malte;*
e) *Confeitaria e fabrico de xaropes;*
f) *Instalações destinadas ao abate de animais;*
g) *Instalações para o fabrico industrial de amido;*
h) *Fábricas de farinha de peixe e de óleo de peixe;*
i) *Açucareiras.*

8 – *Indústria têxtil, indústria de cabedais, de madeira e do papel:*
a) *Fábricas de lavagem, desengorduramento e branqueamento de lã;*
b) *Fabrico de painéis de fibra e de partículas e contraplacados;*
c) *Fabrico de pasta de papel, papel e de cartão;*
d) *Tinturarias de fibras;*
e) *Fábricas de produção e tratamento de celulose;*
f) *Fábricas de curtumes e vestuário de couro.*

9 – *Indústria da borracha:*
a) *Fabrico e tratamento de produtos à base de elastómero.*

10 – *Projectos de infra-estruturas:*
a) *Projectos de desenvolvimento de zonas industriais;*
b) *Projectos de desenvolvimento urbano;*
c) *Funiculares e teleféricos;*
d) *Construção de estradas, de portos (incluindo portos de pesca) e de aeródromos (que não constem do anexo I);*
e) *Obras de canalização e de regularização dos cursos de água;*
f) *Barragens e outras instalações destinadas a reter a água ou a armazená-la a longo prazo;*
g) *Eléctricos, metropolitanos aéreos ou subterrâneos, linhas suspensas ou linhas análogas de um tipo especial utilizadas principal ou exclusivamente para o transporte de passageiros;*
h) *Instalação de oleodutos e gasodutos;*
i) *Instalação de aquedutos em longas distâncias;*
j) *Marinas.*

Código das Expropriações – Notas aos artigos 10.º, 11.º e 12.º (13) 63

11 – Outros projectos:

a) Aldeias de férias, complexos hoteleiros;

b) Pistas permanentes de corrida e de treinos para automóveis e motociclos;

c) Instalações de eliminação de resíduos industriais e de lixos domésticos (que não constem do anexo I);

d) Estações de depuração;

e) Locais de depósito de lamas;

f) Armazenagem de sucatas;

g) Bancos de ensaio para motores, turbinas ou reactores;

h) Fabrico de fibras minerais artificiais;

i) Fabrico, acondicionamento, carregamento e colocação em cartucho de pólvora e explosivos;

j) Instalações de esquartejamento de animais impróprios para o consumo alimentar.

12 – Alteração de projectos que constam do anexo I e dos projectos do anexo III que se destinam exclusiva ou principalmente a desenvolver ou a ensaiar novos métodos ou produtos e que não sejam utilizados por período superior a um ano.

13. Embora não referidos no presente Código, haverá que atender, também, aos regimes da Reserva Ecológica Nacional e da Reserva Agrícola Nacional.

14. «Como o instituto da expropriação de utilidade pública tem como suporte a garantia do "pagamento de justa indemnização", aquele Código (de 1976) faz depender a declaração de utilidade pública da capacidade financeira do expropriante para pagar essa indemnização, revelada, se o expropriante for uma entidade privada, pela prestação de caução (...). Se a dita caução não podia desempenhar o papel de garantia da capacidade financeira do expropriante para pagamento da indemnização, pelo simples facto de não subsistir "até ao depósito final" da mesma (...), o acto administrativo (...) está ferido de ilegalidade (...)" (Acórdão do Supremo Tribunal Administrativo (2.ª subsecção da 1.ª secção), de 3 de Dezembro de 1991, no processo 27 346).

15. "Interposto recurso contencioso de anulação do acto que declarou a utilidade pública urgente da expropriação de determinado prédio

64   *Código das Expropriações – art. 13.º*

rústico e autorizou a respectiva tomada de posse administrativa (...), por não ter sido prestada a caução (...), a lide torna-se supervenientemente inútil, por falta de interesse do recorrente, se posteriormente mas em tempo útil (...) a entidade expropriante prestou a mesma caução» (Acórdão do Supremo Tribunal Administrativo, 1.ª subsecção da 1.ª secção, de 2 de Novembro de 1989, *in Diário da República, apêndice*, de 30 de Dezembro de 1994).

ARTIGO 13.º

Declaração de utilidade pública

1 – A declaração de utilidade pública deve ser devidamente fundamentada e obedecer aos demais requisitos fixados neste Código e demais legislação aplicável, independentemente da forma que revista.

2 – A declaração resultante genericamente da lei ou de regulamento deve ser concretizada em acto administrativo que individualize os bens a expropriar, valendo esse acto como declaração de utilidade pública para os efeitos do presente diploma.

3 – Sem prejuízo do disposto no n.º 6, a declaração de utilidade pública caduca se não for promovida a constituição da arbitragem no prazo de um ano ou se o processo de expropriação não for remetido ao tribunal competente no prazo de 18 meses, em ambos os casos a contar da data da publicação ou declaração de utilidade pública.

4 – A declaração de caducidade pode ser requerida pelo expropriado ou qualquer outro interessado ao tribunal competente para conhecer do recurso da decisão arbitral ou à entidade que declarou a utilidade pública e a decisão que for proferida é notificada a todos os interessados.

5 – A declaração de utilidade pública caducada pode ser renovada em casos devidamente fundamentados e no prazo máximo de um ano, a contar do termo dos prazos fixados no n.º 3 anterior.

6 – Renovada a declaração de utilidade pública, o expropriado é notificado nos termos do n.º 1 do artigo 35.º para optar pela fixação de nova indemnização ou pela actualização da anterior, nos termos do artigo 24.º, aproveitando-se neste caso os actos praticados.

7 – Tratando-se de obra contínua, nos termos do n.º 3 do artigo 5.º, a caducidade não pode ser invocada depois daquela ter sido iniciada em qualquer local do respectivo traçado, salvo se os trabalhos forem suspensos ou estiverem interrompidos por prazo superior a três anos.

NOTAS:

1. Ao declarar a utilidade pública da expropriação, o Governo, a Assembleia Municipal ou o Governo Regional competente (v. artigo 90.º) exerce o seu poder de autoridade, modificando ou alterando situações jurídicas pré-existentes de conteúdo patrimonial. Contraposto a esse poder encontra-se um estado de sujeição do expropriado, que ineluctavelmente irá sofrer na sua esfera patrimonial os efeitos do acto declarativo.

A declaração de utilidade pública, por um lado, faz cessar o direito de propriedade e reduz o proprietário à situação de mero possuidor até à transferência do bem para o expropriante (através de adjudicação judicial ou em consequência de expropriação amigável) ou até à posse administrativa do bem; por outro lado, dela resulta que o bem fica adstrito à satisfação do fim de utilidade pública que concretamente identifica.

Da declaração de utilidade pública resulta, ainda, a sub-rogação do bem expropriado pelo crédito indemnizatório.

2. Enquanto acto da Administração, a declaração de utilidade pública está sujeita a controlo jurisdicional por via de recurso contencioso, nos termos previstos no n.º 4 do artigo 268.º da Constituição.

3. Acontece, por vezes, que a lei, ao tratar certas matérias sectoriais, contém a declaração formal da utilidade pública das expropriações destinadas a esse fim, de forma genérica e sem concretizar os bens abrangidos, que só ulteriormente são individualizados através de actos de acertamento.

Assim, a norma que declare a utilidade pública de certas expropriações (v.g. destinadas a um dado programa de construção de escolas – designadamente o artigo 5.º do Decreto-Lei n.º 76/80, de 15 de Outubro), analisa-se, simultaneamente, como lei de autorização e como acto de declaração genérica de utilidade pública das expropriações em causa.

66 *Código das Expropriações – art. 13.º (3)*

O n.º 2 do preceito visa impedir que a técnica legislativa usada provoque prejuízos ao expropriado, ao determinar que os procedimentos administrativos que têm de preceder a declaração de utilidade pública passam a reportar-se ao acto que individualiza os bens sujeitos à declaração pré-existente. Designadamente, será a data de publicação deste acto de individualização que relevará para efeito de fixar o valor dos bens expropriados (artigo 23.º, n.º 1) e que desencadeará a contagem dos prazos de caducidade previstos no n.º 3.

4. A declaração de utilidade pública depende da verificação:
a) Da existência de utilidade pública do fim invocado;
b) Da inclusão desse fim entre as atribuições da entidade expropriante;
c) Da efectiva necessidade do bem e da utilização da via expropriativa para a realização desse fim;
d) Da superioridade desse fim sobre aquele a que precedentemente o bem estava afecto;
e) Da oportunidade e da conveniência da expropriação;
f) Da regularidade formal dos procedimentos prévios;
g) Da capacidade económica do expropriante para assumir o encargo da indemnização;
h) Da inexistência de obstáculos legais à prossecução do fim de utilidade pública através dos meios escolhidos pelo expropriante.

5. A redução para 18 meses do prazo de dois anos anteriormente fixado no n.º 2 do artigo 9.º do Código revogado, para remessa dos autos a juízo, sob pena de caducidade da declaração de utilidade pública, constitui claro reforço da garantia do expropriado, dentro da linha de orientação que já informava aquele texto legal.

6. A caducidade constitui uma forma de extinção de direitos emergente da passagem do tempo sem a ocorrência do facto impeditivo dessa extinção.

No caso regulado no n.º 3 do preceito, a caducidade apresenta uma conformação particular, uma vez que o seu efeito preclusivo atinge a declaração em si própria, extinguindo o direito do expropriante reflexamente. O legislador terá suposto a necessidade desta solução para eliminar, do mesmo passo, o efeito de perda da propriedade que para o expropriado emerge da declaração de utilidade pública.

Código das Lxpropriações – art. 13.º (4) 67

7. Os efeitos da caducidade operam em dois níveis, fazendo cessar os efeitos materiais da declaração e extinguindo o procedimento ou o processo de expropriação.

Não o diz a lei expressamente, mas deve entender-se que a omissão dos actos que obstam à caducidade só é juridicamente relevante quando sejam devidos. Se existir acordo sobre a indemnização, não há que promover a constituição da arbitragem nem que remeter o processo ao tribunal, não podendo o expropriado nem qualquer outro interessado alegar a caducidade para não outorgar o auto ou a escritura de expropriação amigável depois de decorrido um ano sobre a data da declaração de utilidade pública.

8. Em vão se procurará no nosso direito administrativo legislado o regime da caducidade dos actos administrativos ou dos direitos por estes conferidos, antes assinalando a doutrina a origem civilística do instituto e o carácter incidental do seu tratamento no domínio do direito administrativo, mesmo depois da publicação do Código do Procedimento Administrativo.

Continua a ser no direito civil que deve procurar-se o regime da caducidade cominada no âmbito do direito administrativo.

9. Costuma afirmar-se que a caducidade se fundamenta em razões objectivas de certeza do direito, visando impedir que situações jurídicas concretas permaneçam ao longo do tempo numa situação de contínua alterabilidade, o que seria prejudicial aos objectivos de certeza e segurança que presidem à ordem jurídica. Nisso se distingue da *prescrição* de direitos pelo não uso, que penaliza a inércia do respectivo titular em exercê-los dentro do período que a lei considera suficiente para o efeito.

A tutela objectiva da certeza e da segurança tem levado por vezes a considerar (e assim sucede noutros ordenamentos jurídicos) que a caducidade é *sempre* de conhecimento oficioso, podendo ser declarada pelo tribunal ainda que não tenha sido invocada por qualquer das partes.

Não é este o sistema do nosso direito. Já o Prof. Vaz Serra observava, nos trabalhos preparatórios do Código Civil, que o fim da caducidade é a protecção dos interesses da pessoa contra quem o direito pode ser exercido (Prescrição Extintiva e Caducidade, *in Boletim do Ministério da Justiça*, n.º 107, pág. 167). De acordo com o art. 333.º do Código Civil, a caducidade só pode ser conhecida oficiosamente

68   *Código das Expropriações – art. 13.º (5)*

quando diga respeito a matéria excluída da disponibilidade das partes. No caso de não se tratar de matéria excluída da disponibilidade das partes, o tribunal só pode julgar o direito caducado se a preclusão foi invocada, judicial ou extrajudicialmente, por aquele a quem aproveita, pelo seu representante ou, tratando-se de incapaz, pelo Ministério Público.

Não há qualquer razão para afastar esta regra na transposição do regime civilístico para a esfera do direito administrativo. Desta forma, é o carácter disponível ou não disponível do direito não exercido dentro do prazo de caducidade que determina se esta apenas pode ser invocada por quem visa defender.

Não sofre a menor dúvida que, no n.º 3 do artigo 13.º do Código das Expropriações, a caducidade é estabelecida a favor do expropriado e demais interessados. Há apenas que determinar se os actos devidos não praticados pelo expropriante, ali mencionados, respeitam ou não o exercício de um direito disponível.

O Código das Expropriações resolve esta questão no artigo 88.º, ao permitir que o expropriante desista da expropriação até à investidura judicial na propriedade dos bens. Trata-se, pois, de um direito que, apesar de ser conferido para satisfazer um interesse público, pode ser prescindido por quem dele beneficia.

Daí que a caducidade prevista no preceito só possa ser invocada em juízo ou fora dele pelo expropriado ou por qualquer interessado, a favor do qual é estabelecida, pelo seu representante ou curador ou, tratando-se de incapaz, pelo Ministério Público ([1]).

Essa a razão por que o n.º 4 do artigo em anotação não prevê a declaração oficiosa da caducidade.

10. A declaração de caducidade opera em relação ao expropriado e a todos os interessados como resulta, indirectamente, da parte final do mesmo n.º 4, e determina o ressarcimento de todos os prejuízos sofridos pelo expropriado e pelos demais interessados, como consequência directa e necessária de o bem ter sido atingido pela declaração de utilidade pública (neste sentido, como afloração do princípio geral, v. artigo 4.º, n.ºs 6 e 7), salvo no caso de a declaração vir a ser renovada (v., contudo, nota 16).

([1]) Neste sentido, v. *Acórdão do Supremo Tribunal Administrativo*, de 20 de Agosto de 1988, *in Boletim do Ministério da Justiça*, n.º 380, pág. 131.

11. O acto judicial ou administrativo que declara a caducidade torna certos os direitos do proprietário e dos demais interessados perante a entidade expropriante, determinando a extinção do procedimento administrativo ou do processo judicial em curso. Tendemos a considerar que a alternativa prevista no n.º 4 (declaração judicial ou declaração administrativa da caducidade) não constitui opção oferecida aos interessados. Até à constituição da arbitragem, a declaração de caducidade caberá à entidade que declarou a utilidade pública da expropriação e, a partir desse momento, ao juiz de direito do tribunal competente para conhecer do recurso da decisão arbitral. Se a entidade administrativa não declarar a caducidade (ou se declarar a não caducidade) os interessados podem ulteriormente invocá-la perante o tribunal.

12. O n.º 5 do artigo contempla a possibilidade do reinício do procedimento ou do processo de expropriação no caso de caducidade da declaração de utilidade pública. Efectivamente, a caducidade da declaração elimina *ex tunc* os efeitos desta, de tal modo que a situação anterior deve ser reposta *como se o procedimento ou o processo nunca tivesse sido iniciado*. Se for renovada a declaração de utilidade pública deve percorrer-se a via procedimental estabelecida no presente diploma, com as necessárias adaptações, pelo que o interessado na expropriação deverá voltar a procurar obter a aquisição do bem por via de direito privado antes de remeter à entidade competente o requerimento de renovação, devidamente instruído, salvo nos casos em que a lei dispensa aquela tentativa (artigo 15.º, n.º 1).

13. O n.º 3 do artigo ressalva por lapso a aplicabilidade do n.º 6, quando deveria referir o n.º 7.

14. «A declaração de utilidade pública (...) é o facto constitutivo da relação jurídica da expropriação e traduz-se no reconhecimento de que determinados bens são necessários à realização de um fim de utilidade pública (...).

«O objecto da declaração de utilidade pública, quanto à determinação dos bens a que respeita, não se esgota, tratando-se de terrenos, com a indicação da sua área, pois, dados os efeitos referidos, haverá sempre que relacioná-la com um prédio que a representa ou do qual deverá ser destacada.

70 *Código das Expropriações – art. 14.º*

«Ao ser indicada uma área para fins de expropriação deve logo identificar-se pelo respectivo registo, o prédio que deverá destacar-se, e se a área atribuída exceder os limites do prédio a que se reporta, na medida em que os exceda achar-se-á excluída do acto que criou a relação expropriativa, e consequentemente o expropriado desprovido de título quanto a ela (...)» (Acórdão do Supremo Tribunal de Justiça, de 31 de Janeiro de 1975, *in Boletim do Ministério da Justiça*, n.º 243, pág. 159).

15. «Transitada em julgado a decisão que julgou procedente o pedido de expropriação baseado em declaração de utilidade pública e prosseguindo o processo apenas para fixação do valor da indemnização, aquela decisão ficou constituindo caso julgado formal no mesmo processo pelo que – já em fase de recurso de apelação da decisão que fixou tal valor – não pode atender-se à eventual excepção de caducidade» (da declaração de utilidade pública) (Acórdão do Supremo Tribunal de Justiça, de 20 de Janeiro de 1994, no processo 84 015).

16. «Dada a sua intrínseca natureza, o não exercício de direito sujeito a prazo de caducidade não indicia ou envolve culpa por parte do seu titular. Assim, improcede a acção em que se pede a condenação do Estado em determinada indemnização com base em culpa deste, por não ter, no prazo legal, declarado a utilidade pública da expropriação de certo prédio, ou o ter adquirido após expropriação amigável ou promovido a instalação da arbitragem prevista na lei das expropriações» (Acórdão do Supremo Tribunal Administrativo, 1.ª subsecção da 1.ª secção, de 29 de Março de 1990, no processo 27 866).

ARTIGO 14.º

Competência para a declaração de utilidade pública

1 – Salvo nos casos previstos no número seguinte, é da competência do ministro a cujo departamento compete a apreciação final do processo:

a) **A declaração de utilidade pública da expropriação dos bens imóveis e direitos a eles inerentes;**

b) **A declaração de utilidade pública do resgate não prevista nos respectivos contratos das concessões ou privilégios outorgados para a exploração de obras ou serviços de utili-**

Código das Expropriações – art. 14.º (2)

dade pública ou ainda da expropriação dos bens ou direitos a eles relativos referidos no artigo 7.º.

2 – A competência para a declaração de utilidade pública das expropriações da iniciativa da administração local autárquica, para efeitos de concretização de plano de urbanização ou plano de pormenor eficaz, é da respectiva assembleia municipal.

3 – A deliberação da assembleia municipal prevista no número anterior deverá ser tomada por maioria dos membros em efectividade de funções.

4 – A deliberação referida no número anterior é comunicada ao membro do Governo responsável pela área da administração local.

5 – O reconhecimento do interesse público requerido pelas empresas e a declaração de utilidade pública de expropriação dos imóveis necessários à instalação, ampliação, reorganização ou reconversão das suas unidades industriais ou dos respectivos acessos é da competência do ministro a cujo departamento compete a apreciação final do processo.

6 – Nos casos em que não seja possível determinar o departamento a que compete a apreciação final do processo ou que não sejam abrangidos pelo disposto nos números anteriores é competente o Primeiro-Ministro, com a faculdade de delegar no ministro responsável pelo ordenamento do território.

NOTAS:

1. De forma inovadora, o presente artigo atribui (n.ºs 2 a 4) competência à assembleia municipal para declarar, em certos casos, a utilidade pública das expropriações, o que implica, também, competência para atribuir-lhes carácter urgente (artigo 15.º, n.º 1).

Para que a assembleia municipal possa declarar a utilidade pública da expropriação é necessário:

   a) Que o empreendimento a que a expropriação se destina seja da iniciativa do executivo municipal, dos respectivos serviços autónomos ou das juntas de freguesia cuja circunscrição coincida com a do município em causa ([1]);

([1]) Contra esta conclusão só poderia invocar-se a referência, no final do inciso, à *respectiva assembleia municipal*, que, no entanto, parece não constituir uma base suficientemente segura para fundamentar a interpretação restritiva.

b) Que esse empreendimento dê execução a um plano de urbanização ou a um plano de pormenor eficaz.

A solução da lei explica-se pela circunstância de a eficácia de qualquer desses planos urbanísticos depender da sua prévia ratificação pelo Governo ou da sua conformidade com plano municipal de ordem superior já ratificado pelo Governo (sem o que não poderia ser registado e publicado). Uma vez que a disciplina desses planos urbanísticos se aplica não só à actividade dos particulares mas também à da Administração Pública, a sua ratificação ou a sua conformidade com plano ratificado permite dispensar a intervenção do Governo nos procedimentos expropriativos que subsequentemente visam a respectiva execução ([1]).

2. Para além dos casos referidos nos n.os 2 a 4 do artigo, o Governo carece também de competência legal para emitir a declaração de utilidade pública nas situações previstas no n.º 1 do artigo 90.º.

3. A determinação do departamento a que compete a apreciação final do processo pode originar dúvidas ou conflitos de competência. Esses conflitos podem ser *positivos* quando dois ou mais departamentos se considerem competentes para a apreciação final, ou *negativos*, quando nenhum se considere competente para esse efeito. Em qualquer destes casos, o n.º 6, em atenção à acção coordenadora que a Constituição comete ao Primeiro-Ministro (artigo 201.º, n.º 1 alínea *a)*), confere-lhe competência legal para emitir a declaração de utilidade pública com a faculdade de delegar no ministro responsável pelo ordenamento do território.

4. O n.º 1 do artigo 7.º autoriza a expropriação de bens ou direitos relativos a serviço de utilidade pública concessionado que, sendo propriedade do concessionário, devam continuar afectos à respectiva exploração depois de resgatada a concessão, independentemente do resgate ter sido contratual ou legal.

A alínea *b)* do n.º 1 do presente preceito apenas refere a competência para a declaração de utilidade pública da expropriação desses bens ou direitos no caso de resgate legal, mas a razão de ser do pre-

---

([1]) As demais expropriações da Administração local autárquica são da competência do ministro responsável pela administração local.

Código das Expropriações – art. 16.º

ceito impõe que tal competência, no caso do resgate contratual, caiba ao membro do Governo que decida pôr termo à concessão nos termos previstos no contrato celebrado.

ARTIGO 15.º
Atribuição do carácter de urgência

1 – No próprio acto declarativo da utilidade pública, pode ser atribuído carácter de urgência à expropriação para obras de interesse público.

2 – A atribuição de carácter urgente à expropriação deve ser sempre fundamentada e confere de imediato à entidade expropriante a posse administrativa dos bens expropriados, nos termos previsto nos artigos 20.º e seguintes, na parte aplicável.

3 – A atribuição de carácter urgente caduca se as obras na parcela não tiverem início no prazo fixado no programa de trabalhos, salvo ocorrendo motivo devidamente justificado.

4 – À declaração de caducidade aplica-se, com as necessárias adaptações, o disposto no n.º 4 do artigo 13.º.

5 – A caducidade não obsta à ulterior autorização da posse administrativa, nos termos dos artigos 19.º e seguintes.

ARTIGO 16.º
Expropriação urgentíssima

1 – Quando a necessidade da expropriação decorra de calamidade pública ou de exigências de segurança interna ou de defesa nacional, o Estado ou as autoridades públicas por este designadas ou legalmente competentes podem tomar posse administrativa imediata dos bens destinados a prover à necessidade que determina a sua intervenção, sem qualquer formalidade prévia, seguindo-se, sem mais diligências, o estabelecido no presente Código sobre fixação da indemnização em processo litigioso.

2 – Sempre que possível, será promovida vistoria *ad perpetuam rei memoriam*, nos termos previstos no artigo 21.º, cumprindo-se com as necessárias adaptações, o disposto nesse artigo.

NOTAS AOS ARTIGOS 15.º E 16.º

1. V. nota 2. aos artigos 10.º e 11.º.

2. Em face do disposto na parte final do n.º 1 do artigo 15.º, a urgência só pode ser decretada se a expropriação se destinar à execução de obras.

Obras essas que têm de prestar uma utilidade pública, sem a qual a expropriação não poderia ter lugar (cfr. artigo 1.º).

3. Uma vez declarado o carácter urgente da expropriação, a entidade expropriante pode entrar de imediato na posse dos bens a expropriar nos termos dos artigos 20.º e seguintes.

O expropriante está dispensado de efectuar previamente o depósito referido na alínea *b)* do n.º 1, *ex vi* do disposto na alínea *a)* do n.º 5 do artigo 20.º.

4. Sendo necessário actuar de modo urgentíssimo devido a calamidade pública ou a exigências de segurança interna ou de defesa nacional, o Estado ou as autoridades públicas por este designadas ou legalmente competentes podem tomar posse administrativa dos bens necessários para satisfazer as necessidades decorrentes da situação, sem precedência de declaração de utilidade pública nem de autorização de posse administrativa, promovendo, porém, sempre que possível, a vistoria *ad perpetuam rei memoriam*, nos termos dos artigos 21.º e 22.º (por lapso, o n.º 2 do artigo 16.º refere apenas o primeiro), com as necessárias adaptações (em especial no que toca ao carácter prévio da vistoria), e requerendo de imediato ao Presidente do Tribunal da Relação do lugar da situação dos bens a constituição da arbitragem. Neste caso uma vez fixada a indemnização pelos árbitros, deverá proceder-se ao respectivo depósito e ao subsequente envio do processo para o tribunal de comarca competente, a fim de o juiz proceder à adjudicação da propriedade e determinar a notificação das partes nos termos do n.º 5 do artigo 51.º, bem como a comunicação a que se refere o n.º 6 desse mesmo preceito.

O artigo 16.º legitima uma via de facto justificada pelas circunstâncias em que a Administração Pública actua.

5. No caso de expropriação urgente ou urgentíssima pode qualquer interessado requerer a avocação do processo pelo tribunal (artigo 42.º, n.º 2, alínea *e)*, e n.º 3).

V., ainda, artigo 51.º, n.º 3.

Código das Expropriações – art. 17.º   75

6. Na falta da declaração de utilidade pública e do acto de acertamento, previsto no n.º 2 do artigo 13.º, a data relevante para efeito de determinação do valor do bem sujeito a expropriação urgentíssima é aquela em que a Administração Pública tiver entrado na posse administrativa do bem.

7. «A urgência na expropriação por utilidade pública (...) não pode valer, por si, como simples linguagem do autor do acto, mas tem de suportar-se no condicionalismo do caso reflectido no procedimento administrativo. Não pode pois falar-se de urgência se, no período de três a quatro anos ocorrido no âmbito do órgão autárquico interessado na expropriação, nada foi feito no sentido de esgotar a possibilidade de aquisição por via do direito privado (Acórdão do Supremo Tribunal Administrativo, 2.ª subsecção da 1.ª secção, de 16 de Junho de 1992, no processo 26 651).

ARTIGO 17.º

Publicação da declaração e utilidade pública

1 – O acto declarativo da utilidade pública e a sua renovação são sempre publicados, por extracto, na 2.ª série do *Diário da República* e notificados ao expropriado e aos demais interessados conhecidos por carta ou ofício sob registo com aviso de recepção, devendo ser averbados no registo predial.

2 – Se o expropriado ou demais interessados forem desconhecidos é aplicável o disposto no n.º 4 do artigo 11.º.

3 – A publicação da declaração de utilidade pública deve identificar sucintamente os bens sujeitos a expropriação, com referência à descrição predial e à inscrição matricial, mencionar os direitos, ónus ou encargos que sobre eles incidem e os nomes dos respectivos titulares e indicar o fim da expropriação.

4 – A identificação referida no número anterior pode ser substituída por planta, em escala adequada e graficamente representada, que permita a delimitação legível do bem necessário ao fim de utilidade pública.

5 – Quando se trate da expropriação por zonas ou lanços, da publicação do acto declarativo consta a área total a expropriar, a sua divisão de acordo com o faseamento, os prazos e a ordem de aquisição.

6 – São conjuntamente publicadas, por conta das empresas requerentes a que se refere o n.º 2 do artigo 14.º, as plantas dos bens abragidos pela declaração de utilidade pública, cumprindo-lhes promover a sua afixação na sede do município ou dos municípios do lugar em que aqueles se situam.

7 – A declaração de utilidade pública é também publicitada pela entidade expropriante mediante aviso afixado na entrada principal do prédio, quando exista.

NOTAS:

1. Nos termos do n.º 2 do artigo 130.º do Código do Procedimento Administrativo, «a falta de publicidade do acto, quando legalmente prevista, implica a sua ineficácia».

2. De acordo com o n.º 4 deste artigo, não só a planta deve conter a delimitação legível do imóvel expropriado, como ainda terá de ser publicada no *Diário da República* em condições de não ser prejudicada a sua legibilidade. Se a planta for ilegível, deve considerar-se a publicação como não efectuada.

3. O averbamento à descrição da declaração de utilidade pública, provisório por natureza, é obrigatoriamente requerido pela entidade expropriante (ou beneficiária da expropriação) e visa acautelar os interesses de terceiros que, eventualmente, poderiam ser afectados pelo desconhecimento da sua existência.

Se for atribuída urgência à expropriação, esta deverá ser mencionada no registo.

4. Questão com particular interesse é a de saber se, no caso de omissão do registo, se aplica o disposto nos n.ºs 1 e 2 do artigo 5.º do Código do Registo Predial, que se transcreve na parte que interessa:

ARTIGO 5.º

Oponibilidade a terceiros

1. Os factos sujeitos a registo só produzem efeitos contra terceiros depois da data do respectivo registo.

Código das Expropriações – art. 18.º　　　77

2. *Exceptuam-se do disposto no número anterior:*

....

b) As servidões aparentes;

....

Esta regra foi estabelecida tendo em vista negócios de direito privado e destina-se a produzir efeitos no âmbito das relações privadas. A declaração de utilidade pública é um acto administrativo, regido pelo direito público, e a sua validade e eficácia em relação ao expropriado ou a terceiros, não dependem do registo, tal como a subsequente marcha do processo não depende da documentação da realização do registo. Este visa, fundamentalmente, facilitar o conhecimento da declaração da utilidade pública da expropriação acautelando interesses relevantes de terceiros, designadamente do credor munido de sentença condenatória, que poderia registar hipoteca sobre o bem expropriado (artigo 710.º, do Código Civil) ignorando esta circunstância. Também o comprador do prédio expropriado poderia desembolsar o preço, quando o expropriado não poderia, por seu lado, transmitir-lhe a propriedade, ou, no caso de expropriação por zonas ou lanços, tratando-se de prédio da segunda fase ou seguintes, lhe transmitiria um direito enfraquecido em consequência da sua programada ablação.

5. «A falta de publicação da declaração de utilidade pública prejudica a sua eficácia, constituindo uma excepção dilatória em processo judicial de expropriação» (Acórdão do Supremo Tribunal de Justiça, de 11 de Fevereiro de 1969, *in Boletim do Ministério da Justiça*, n.º 184.º, pág. 103).

6. V. notas ao artigo 90.º.

ARTIGO 18.º

Ocupação de prédios vizinhos

1 – A declaração de utilidade pública da expropriação confere à entidade expropriante o direito de ocupar prédios vizinhos e de neles efectuar os trabalhos necessários ou impostos pela execução destes, nos termos previstos nos estudos ou projectos aprovados, ou daqueles que forem definidos em decisão da entidade que produziu aquele acto.

78   *Código das Expropriações – art. 19.º*

**2 – Se o proprietário ou outros interessados forem conheci-
dos, são previamente notificados da ocupação por carta ou ofício
sob registo com aviso de recepção, com a antecedência mínima de
15 dias, podendo qualquer deles exigir a realização de vistoria *ad
perpetuam rei memoriam*, a qual tem lugar nos termos previstos no
artigo 21.º, e precede sempre a ocupação.**

**3 – Se os proprietários ou outros interessados forem desco-
nhecidos, é aplicável o disposto no n.º 4 do artigo 11.º.**

**4 – Aos proprietários e demais interessados prejudicados pela
ocupação são devidas indemnizações nos termos gerais direito, a
determinar em processo comum ao qual se aplica, com as necessárias adaptações o disposto nos artigos 71.º e 72.º do presente
Código.**

NOTAS:

1. A ocupação de prédios, nos termos do presente artigo, tem, por
natureza, carácter temporário (V. nota 6 ao artigo 1.º).

2. A ocupação não pode alterar a substância do prédio ocupado.
Se for necessário proceder-se à exploração de pedreira, saibreira ou
areeiro que nele exista terá que se estabelecer acordo com o proprietário e ou explorador, ou, se esse acordo for inviável, requerer-se a respectiva expropriação urgente (Decreto-Lei n.º 59/99, de 2 de Março,
artigo 168.º).

3. O n.º 4 remete para o processo comum a fixação litigiosa da
indemnização devida pela ocupação de prédios, criando, porém, por
força da remissão para o disposto nos artigos 71.º e 72.º, um incidente
de depósito da indemnização com natureza executiva.

ARTIGO 19.º

Posse administrativa

**1 – Se a entidade expropriante for pessoa colectiva de direito
público ou empresa pública, nacionalizada ou concessionária de
serviço público ou de obras públicas, pode ser autorizada pela entidade competente para declarar a utilidade pública da expropriação a tomar posse administrativa dos bens a expropriar, desde que**

os trabalhos necessários à execução do projecto de obras aprovado sejam urgentes e aquela providência se torne indispensável para o seu início imediato ou para a sua prossecução ininterrupta.

2 – A autorização de posse administrativa deve mencionar expressa e claramente os motivos que a fundamentam e o prazo previsto para o início das obras na parcela expropriada, de acordo com o programa dos trabalhos elaborado pela entidade expropriante.

3 – A autorização pode ser concedida em qualquer fase da expropriação até ao momento de adjudicação judicial da propriedade.

4 – Se as obras não tiverem início dentro do prazo estabelecido nos termos do n.º 2 anterior, salvo motivo justificativo, nomeadamente por atraso não imputável à entidade expropriante, o expropriado e os demais interessados têm o direito de ser indemnizados pelos prejuízos que não devam ser considerados na fixação da justa indemnização.

ARTIGO 20.º

Condições de efectivação da posse administrativa

1 – A investidura administrativa na posse dos bens não pode efectivar-se sem que previamente tenham sido:

a) Notificados os actos de declaração de utilidade pública e de autorização da posse administrativa;

b) Efectuado o depósito da quantia mencionada no n.º 4 do artigo 10.º em instituição bancária do lugar do domicílio ou sede da entidade expropriante, à ordem do expropriado e dos demais interessados, se aquele e estes forem conhecidos e não houver dúvidas sobre a titularidade dos direitos afectados;

c) Realizada vistoria *ad perpetuam rei memoriam* destinada a fixar os elementos de facto susceptíveis de desaparecerem e cujo conhecimento seja de interesse ao julgamento do processo.

2 – A notificação a que se refere a alínea *a)* do número anterior deve conter o local, o dia e a hora do acto de transmissão da posse.

80 *Código das Expropriações – art. 21.º*

3 – O acto de transmissão de posse deverá ter lugar no prédio, parcela ou lanço expropriado.

4 – Se o expropriado e os demais interessados, estando ou devendo considerar-se devidamente notificados, não comparecem ao acto de transmissão de posse, esta não deixará de ser conferida.

5 – O depósito prévio é dispensado:

a) Se a expropriação for urgente, devendo o mesmo ser efectuado no prazo de 90 dias contados nos termos do artigo 279.º do Código Civil, a partir da data de publicação da declaração de utilidade pública;

b) Se os expropriados e demais interessados não forem conhecidos ou houver dúvidas sobre a titularidade dos direitos afectados, devendo o mesmo ser efectuado no prazo de 10 dias a contar do momento em que sejam conhecidos ou seja resolvido o incidente regulado no artigo 53.º.

6 – Atribuído carácter urgente à expropriação ou autorizada a posse administrativa, a entidade expropriante solicita directamente ao presidente do tribunal da Relação do distrito judicial do lugar da situação do bem ou da sua maior extensão a indicação de um perito da lista oficial para a realização da vistoria *ad perpetuam rei memoriam*.

7 – Pode ser solicitada a indicação de dois ou mais peritos sempre que tal se justifique pela extensão ou número de prédios a expropriar.

ARTIGO 21.º

Vistoria *ad perpetuam rei memoriam*

1 – Recebida a comunicação do perito nomeado, a entidade expropriante marca a data, a hora e o local do início da vistoria *ad perpetuam rei memoriam*, notificando de tal facto o perito, os interessados conhecidos e o curador provisório, por carta ou ofício registado com aviso de recepção, a expedir de forma a ser recebido com a antecedência mínima de cinco dias úteis, no qual indicará, ainda, se a expropriação é total ou parcial; a comunicação ao perito será acompanhada de cópia dos elementos a que se referem as alíneas *a)*, *b)* e *d)* do n.º 1 do artigo 10.º e, sempre que possível, de indi-

Código das Expropriações – art. 21.º (2) 81

cação da descrição predial e da descrição matricial dos prédios; a comunicação ao expropriado e demais interessados mencionará, ainda, a instituição bancária, o local, a data e o montante do depósito a que se refere a alínea *b)* do anterior n.º 1 ([1]) e, se for o caso, que o mesmo se encontra à sua ordem.

2 – O perito que pretenda pedir escusa pode fazê-lo nos dois dias seguintes à notificação prevista no número anterior, devendo a entidade expropriante submeter o pedido à apreciação do presidente do tribunal da Relação para efeitos de eventual substituição.

3 – Os interessados, o curador provisório e a entidade expropriante podem comparecer à vistoria e formular por escrito os quesitos que tiverem por pertinentes, a que o perito deve responder no seu relatório.

4 – O auto de vistoria *ad perpetuam rei memoriam* deve conter:

a) Descrição pormenorizada do local, referindo, designadamente, as construções existentes, as características destas, a época da edificação, o estado de conservação e, sempre que possível, as áreas totais construídas;

b) Menção expressa de todos os elementos susceptíveis de influírem na avaliação do bem vistoriado, nos termos dos artigos 23.º e seguintes;

c) Plantas, fotografias ou outro suporte de captação da imagem do bem expropriado e da área envolvente;

d) Elementos remetidos ao perito nos termos do n.º 8 anterior ([2]);

f) Respostas aos quesitos referidos no n.º 10 anterior ([3]).

5 – Nos 15 dias ulteriores à realização da vistoria *ad perpetuam rei memoriam* deve o perito entregar à entidade expropriante o respectivo relatório, aplicando-se, com as necessidades adaptações, o disposto no artigo 50.º.

6 – Em casos devidamente justificados, designadamente pelo número de vistorias, o prazo a que se refere o número anterior pode ser prorrogado até 30 dias pela entidade expropriante, a requerimento do perito.

([1]) Erro: n.º 1 do artigo anterior.

([2]) Erro: n.º 1 anterior.

([3]) Erro: n.º 3 anterior.

82 Código das Expropriações – art. 22.º

7 – Recebido o relatório, a entidade expropriante, no prazo de cinco dias, notificará o expropriado e os demais interessados por carta registada com aviso de recepção, remetendo-lhes cópia do mesmo e dos respectivos anexos, para apresentarem reclamação contra o seu conteúdo, querendo, no prazo de cinco dias.

8 – Se houver reclamação, o perito pronunciar-se-á no prazo de cinco dias, em relatório complementar.

9 – Decorrido o prazo de reclamação, sem que esta seja apresentada, ou recebido o relatório complementar do perito, a entidade expropriante poderá utilizar o prédio para os fins da expropriação, lavrando o auto de posse administrativa e dando início aos trabalhos previstos, sem prejuízo do disposto na legislação aplicável sobre a desocupação de casas de habitação.

ARTIGO 22.º

Auto de posse administrativa

1 – O auto de posse deve conter os seguintes elementos:

a) Identificação do expropriado e dos demais interessados conhecidos ou menção expressa de que são desconhecidos;

b) Identificação do *Diário da República* onde tiver sido publicada a declaração de utilidade pública e de urgência da expropriação ou o despacho que autorizou a posse administrativa;

c) Indicação da data e demais circunstâncias susceptíveis de identificarem o relatório da vistoria que dele constará em anexo.

2 – Na impossibilidade de identificação do prédio através da inscrição matricial ou da descrição predial, o auto da posse deve referir a composição, confrontações e demais elementos que possam contribuir para a identificação física do terreno onde se encontra o bem expropriado.

3 – No prazo de cinco dias, a entidade expropriante remete, por carta registada com aviso de recepção, ao expropriado e aos demais interessados conhecidos cópias do auto de posse administrativa.

Código das Expropriações – Notas aos artigos 19.º, 20.º 21.º e 22.º (1)   83

NOTAS AOS ARTIGOS 19.º, 20.º, 21.º e 22.º:

1. Dados os efeitos da atribuição de carácter urgente à expropriação (v. artigo 15.º, n.º 2), a autorização da posse administrativa ocorrerá, em regra, nos casos de caducidade da atribuição de urgência ou de necessidade de prosseguimento ininterrupto dos trabalhos.

2. A posse administrativa só pode ser autorizada:

a) Se a entidade expropriante for pessoa colectiva de direito público ou empresa pública, nacionalizada ou concessionária de serviço público (ou, ainda, como parece, detentora de exclusivo legal de serviço público) ou de obras públicas;

b) Se existir projecto aprovado de execução de obras;

c) Se, de acordo com o programa de trabalhos elaborado pela entidade expropriante, forem urgentes os trabalhos que a posse administrativa permitirá iniciar de imediato ou prosseguir sem interrupção;

d) Se não existir ainda adjudicação judicial da propriedade.

3. A autorização da posse administrativa deve mencionar, além dos fundamentos de direito e de facto, o prazo de início dos trabalhos nos bens expropriados (¹). Se esse prazo não for respeitado, por facto imputável à entidade expropriante, não ocorre caducidade da autorização, apenas havendo lugar à indemnização dos prejuízos que não devam ser ressarcidos no âmbito da justa indemnização.

4. Como decorre do n.º 1 do artigo 20.º, a entidade expropriante pode desenvolver o procedimento conducente à posse administrativa antes da publicação da declaração de utilidade pública urgente ou do acto que a autorizou.

No entanto, a posse administrativa não pode concretizar-se sem que essa publicação ocorra (artigo 22.º, n.º 1, alínea *b)*).

5. Dado o que se dispõe na alínea *b)* do n.º 1 do artigo 20.º, o montante da avaliação preliminar que fundamenta a previsão dos encargos da expropriação constitui o quantitativo mínimo da justa indemnização.

(¹) O n.º 1 do artigo 20.º refere-se a «bens a expropriar», mas esta situação será, quase sempre, marginal, i.e., ocorrerá nos casos em que a autorização preceda a publicação da declaração de utilidade pública.

84   *Código das Expropriações – Notas aos artigos 19.º, 20.º 21.º e 22.º (2)*

6. O artigo 20.º não fixa as consequências da omissão ou do atraso na realização do depósito previsto na alínea *a)* do n.º 4 do preceito. Atento o princípio da indemnização constante do n.º 4 do artigo 19.º, parece ser de aplicar por analogia o que dispõe no n.º 1 do artigo 70.º para a fase litigiosa da expropriação.

7. Os n.ºs 3 e 4 do artigo 20.º referem, sucessivamente, que a posse é *transmitida* ou, na ausência do expropriado e dos demais interessados devidamente notificados, *conferida* no prédio, parcela ou lanço expropriado.

Contudo, a posse administrativa, constituindo um direito potestativo do expropriante, inicia-se por mero facto deste, sem a colaboração do expropriado nem a intervenção de outros interessados.

Afigura-se que a lei pretende apenas que o acto material de apossamento ocorra na presença do expropriado e dos demais interessados. A ausência destes, se tiverem sido devidamente notificados, não obsta, porém, a que aquela tenha lugar.

8. Os lapsos das remissões resultam de os artigos 20.º e 21.º terem constituído uma única disposição que foi desdobrada, devido à sua extensão, sem que tivesse havido o cuidado de adaptar o texto da lei.

9. Os termos da notificação prevista no n.º 1 do artigo 21.º visam assegurar os direitos do expropriado e dos demais interessados na expropriação, designadamente ao levantamento da quantia depositada à sua ordem.

10. No Código das Expropriações revogado admitia-se que o ministro responsável pelo ordenamento do território aprovasse por despacho instruções genéricas para a elaboração dos relatórios das vistorias *ad perpetuam rei memoriam*, o que nunca chegou a suceder.

Vai noutro sentido o n.º 4 do artigo 21.º do presente Código, ao fixar o conteúdo genérico dos autos ou relatórios das vistorias, que engloba todos os elementos necessários à decisão que os árbitros e os tribunais irão proferir num momento em que a situação do bem expropriado poderá estar profundamente alterada em consequência da realização das obras.

Código das Expropriações – Notas aos artigos 19.º, 20.º, 21.º e 22.º (3)   85

11. Inovador é, ainda, o processo de informação e de reclamação instituído pelos n.ºˢ 7 e 8 do artigo 21.º. Embora o primeiro destes incisos preveja unicamente a notificação do auto de vistoria ao expropriado, a razão de ser do preceito impõe igualmente a notificação de todos os demais interessados conhecidos.

12. «O artigo 17.º, n.º 1, do Decreto-Lei n.º 845/76 concede ao Governo o poder discricionário de autorizar a posse administrativa do prédio a expropriar sempre que haja sido declarada a utilidade pública urgente da expropriação e desde que tal providência se torne indispensável para o início imediato ou prossecução ininterrupta de trabalhos necessários à execução do projecto.

«A lei concede ao Governo o poder discricionário de autorizar a posse administrativa para o início imediato ou prossecução ininterrupta de trabalhos. É este o fim legal.

«Mas o Governo, ao autorizar tal providência, está vinculado à indispensabilidade da mesma para a realização daquele fim. Se a autoriza sendo dispensável, há violação da lei.

«Mas embora sendo indispensável a providência da posse administrativa para o início imediato ou prossecução ininterrupta dos trabalhos necessários à execução do projecto, o despacho do Governo que a conceda enfermará de desvio de poder se o motivo principalmente determinante do despacho não condiz com aquele fim.

«O despacho que concede a posse administrativa do prédio expropriado antes do pagamento da indemnização não viola o artigo 62.º, n.º 2, da Constituição. Este preceito não fixa o princípio da prévia indemnização; apenas proíbe que a expropriação por utilidade pública se efectue sem pagamento de justa indemnização» (Acórdão do S.T.A, de 19 de Junho de 1980, *in Acórdãos Doutrinais*, n.º 227, pág. 1261).

13. «Da anulação da declaração de expropriação por utilidade pública urgente decorre *ipso jure* a anulação da posse administrativa» (Acórdão do Supremo Tribunal Administrativo, 1.ª Secção, de 11 de Outubro de 1982, no processo 15 105).

TÍTULO III
Do conteúdo da indemnização

ARTIGO 23.º
Justa indemnização

1 – A justa indemnização não visa compensar o benefício alcançado pela entidade expropriante, mas ressarcir o prejuízo que para o expropriado advém da expropriação, correspondente ao valor real e corrente do bem de acordo com o seu destino efectivo ou possível numa utilização económica normal, à data da publicação da declaração de utilidade pública, tendo em consideração as circunstâncias e condições de facto existentes naquela data.

2 – Na determinação do valor dos bens expropriados não pode tomar-se em consideração a mais-valia que resultar:

a) Da própria declaração de utilidade pública da expropriação;

b) De obras ou empreendimentos públicos concluídos há menos de cinco anos, no caso de não ter sido liquidado encargo de mais-valias e na medida deste;

c) De benfeitorias voluptuárias ou úteis ulteriores à notificação a que se refere o n.º 5 do artigo 10.º.

d) De informações de viabilidade, licenças ou autorizações administrativas requeridas ulteriormente à notificação a que se refere o n.º 5 do artigo 10.º.

3 – Na fixação da justa indemnização não são considerados quaisquer factores, circunstâncias ou situações criadas com o propósito de aumentar o valor da indemnização.

4 – Ao valor dos bens calculado por aplicação dos critérios referenciais fixados nos artigos 26.º e seguintes, será deduzido o valor correspondente à diferença entre as quantias efectivamente pagas a título de contribuição autárquica e aquelas que o expropriado teria pago com base na avaliação efectuada para efeitos de expropriação, nos últimos cinco anos.

5 – Sem prejuízo do disposto nos n.ºs 2 e 3 do presente artigo, o valor dos bens calculado de acordo com os critérios referenciais constantes dos artigos 26.º e seguintes deve corresponder ao valor

Código das Expropriações – art. 23.º (2)

real e corrente dos mesmos, numa situação normal de mercado, podendo a entidade expropriante e o expropriado, quando tal se não verifique requerer, ou o tribunal decidir oficiosamente, que na avaliação sejam atendidos outros critérios para alcançar aquele valor.

6 – O Estado garante o pagamento da justa indemnização, nos termos previstos no presente Código.

7 – O Estado, quando satisfaça a indemnização, tem direito de regresso sobre a entidade expropriante, podendo, para o efeito, proceder à cativação de transferências orçamentais, independentemente de quaisquer formalidades.

NOTAS:

1. A Constituição determina que a expropriação (tal como a requisição) só pode ser efectuada com base na lei e mediante o pagamento de uma justa indemnização, mas não diz em que esta consiste. Trata-se de um conceito vazio, que deverá ser preenchido por recurso aos princípios constitucionais e ao direito legislado, na medida em que seja com eles conforme.

2. O n.º 1 do artigo 23.º oferece importante contribuição para a densificação do conceito de justa indemnização, ao estabelecer o princípio da plena ressarcibilidade do prejuízo causado pela intervenção forçada na esfera patrimonial do expropriado, prejuízo que, no caso do proprietário e dos interessados sem direito a indemnização autónoma, não pode ser inferior ao valor real e corrente do bem, de acordo com o seu destino efectivo ou com o seu destino possível numa utilização económica normal, à data da publicação da declaração de utilidade pública, atentas as circunstâncias e condições de facto nessa data existentes.

O n.º 1 do artigo 23.º, em particular quando conjugado com o n.º 5, remete para o critério do valor venal do bem expropriado, ou do valor de mercado em situação de normalidade económica.

Note-se que a Constituição não vincula a lei a um determinado critério de fixação do valor do seu expropriado, impondo, apenas, que o adoptado em concreto conduza a uma indemnização justa.

«(...) Ora, é no plano da sua adequação ou da sua aptidão para cumprir os fins constitucionais da indemnização que o critério do valor de mercado (também denominado valor venal, valor comum ou valor de compra e venda) do bem expropriado leva a melhor sobre os demais critérios. Com efeito, a indemnização calculada de acordo com o valor de mercado, isto é, com base na quantia que teria sido paga pelo bem expropriado se este tivesse sido objecto de um livre contrato de compra e venda, é aquela que está em melhores condições de compensar integralmente o sacrifício patrimonial do expropriado e de garantir que este, em comparação com outros cidadãos não expropriados, não seja tratado de modo desigual e injusto. Na verdade, este critério permite um tratamento jurídico igual do proprietário de um terreno expropriado em face de outro proprietário de um terreno contíguo ou vizinho não expropriado. De facto, o proprietário do terreno expropriado recebe como indemnização um valor por metro quadrado igual àquele que será obtido pelo proprietário do prédio contíguo ou vizinho não expropriado, se este resolver vendê-lo (ressalvadas, claro está, as diferenças de valor ocasionadas pelas características naturais dos dois terrenos: v.g. localização, área, configuração, etc.)» ([1]).

3. Ainda de acordo com o n.º 1, na determinação do valor do bem deve atender-se não só ao valor do bem expropriado decorrente do seu destino efectivo na data da publicação da declaração de utilidade pública, mas também do seu *destino possível numa utilização económica normal nesse momento.*

A utilização económica normal possível determina-se objectivamente, tendo em conta o quadro legal e regulamentar aplicável (cfr. artigo 26.º, n.º 1), e todas as circunstâncias de facto para o efeito relevantes. A própria afectação do bem ao fim que fundamenta a expropriação, expresso na declaração de utilidade pública, pode definir o destino possível do bem, se corresponder a uma utilização que o expropriado poderia dar-lhe se não tivesse perdido a respectiva propriedade.

Na determinação objectiva do valor do bem expropriado relevará, naturalmente, o seu destino de acordo com o plano urbanístico em vigor no local.

Quando assim suceda, deverá atender-se, ainda, ao fixar-se a extensão do prejuízo, ao resultado da aplicação do disposto nos n.os 1 e 2 do artigo 18.º da Lei n.º 48/98, de 11 de Agosto (cfr. nota 3 ao artigo 1.º) e no artigo 143.º do Decreto-Lei n.º 380/99, de 22 de Setembro.

([1]) FERNANDO ALVES CORREIA, *O Plano Urbanístico*, cit., págs. 546 e seg.

Código das Expropriações – art. 23.º (4) 89

4. Quando os critérios de avaliação constantes dos artigos 25.º e seguintes conduzirem a um valor que não corresponda ao valor real e corrente do bem expropriado, numa situação normal de mercado, a entidade expropriante ou o expropriado ou os demais interessados podem requerer ou o tribunal (arbitral ou judicial) pode oficiosamente decidir que sejam observados outros critérios de avaliação (n.º 5).

V., contudo, *infra*, nota 11.

5. A exclusão das mais-valias a que se refere o n.º 2, no cálculo do valor dos bens expropriados justifica-se por razões de justiça da indemnização na óptica do interesse público. (v. nota 12 ao artigo 1.º).

A mais-valia predial é o aumento do valor do prédio por efeito de obras ou de melhoramentos públicos (ou mesmo da simples expectativa destes) que favoreçam a sua situação ou aplicação, independentemente do esforço, inteligência ou diligência dos respectivos proprietários ([1]).

O carácter gratuito da mais-valia, em relação ao proprietário, permite distingui-la das benfeitorias, que são valorizações onerosas do prédio.

A alínea *a)* do n.º 2 explica-se pela circunstância de a indemnização ser calculada com referência ao momento da publicação da declaração de utilidade pública, o que exige a expurgação da mais-valia gerada pela expectativa da futura execução do empreendimento que a expropriação viabiliza.

O princípio exige, também, que não seja considerada na avaliação dos bens expropriados a menos-valia que, em determinados casos, decorre da expectativa da execução das obras.

6. A alínea *b)* do n.º 2 impede que na determinação do valor dos bens expropriados se inclua a mais-valia adquirida por estes em consequência de obras ou empreendimentos públicos concluídos há menos de cinco anos, no caso de não ter sido liquidado encargo de mais--valia, até ao limite daquele que seria o respectivo montante.

A recuperação das mais-valias prediais pela colectividade pode operar-se por diversos meios, designadamente:

a) Através da expropriação dos terrenos, com exclusão total ou parcial da mais-valia do montante da indemnização;

([1]) MARCELO CAETANO, *Manual*, II Vol., cit., pág. 1018; *O Direito*, 91.º, págs. 81 e segs.

90   *Código das Expropriações – art. 23.º (5)*

b) Através da sua absorção por via de tributação fiscal destinada a fazê-la reverter total ou parcialmente para o Fisco ou para a entidade promotora do empreendimento que a originou.

Na primeira ordem de situações insere-se, precisamente, a alínea *a)* do n.º 2 do preceito em anotação. Na segunda, situa-se a cédula de mais-valia, em sede do imposto sobre o rendimento, por um lado, e o encargo de mais-valia, por outro.

A mais-valia predial sujeita ao encargo é, em regra, a que ocorre nos prédios rústicos não expropriados (ou na parte remanescente dos prédios rústicos parcialmente expropriados) que aumentam considera-velmente de valor em virtude de obras de urbanização ou da abertura de grandes vias de comunicação ou da simples aprovação de planos de urbanização ou projectos, em consequência da possibilidade de serem imediatamente aplicados como terrenos para a construção urbana (Lei n.º 2030, de 22 de Junho de 1948, artigo 17.º, n.º 1; Decreto n.º 43 587, de 8 de Abril de 1961, alterado pelos Decreto n.º 43 388, de 28 de Novembro de 1963, e Decreto n.º 677/70, de 31 de Dezembro, artigo 78.º; Decreto Regulamentar n.º 4/83, de 25 de Janeiro, alterado pelo Decreto Regulamentar n.º 63/85, de 2 de Outubro, artigo 1.º; Decreto--Lei n.º 46 950, de 8 de Abril de 1966, artigo 1.º, n.ºs 1 e 2).

No entanto, existem situações particulares em que o encargo incide sobre a mais-valia de prédios urbanos ou de terrenos que já antes se destinavam à construção urbana (Decreto-Lei n.º 46 950, artigo 1.º).

A aplicação do encargo de mais-valia depende da delimitação da área valorizada pelo empreendimento, em regra mediante resolução admi-nistrativa (do Conselho de Ministros ou da assembleia municipal, nos casos referidos no artigo 2.º da Lei n.º 168/99, de 18 de Setembro, que aprovou o presente Código), mas também decorrente directamente da lei (Decreto-Lei n.º 46 950, cit., artigo 1.º, n.º 1). O respectivo montante é liquidado em seguida, tornando-se exigível quando se veri-fique, cumulativamente, que o prédio se encontra dentro de área decla-rada administrativamente como concretamente valorizada e que foi requerida (ou concedida) licença para construção ([1]).

([1]) Nos casos regulados pelo Decreto-Lei n.º 46 950, cit. (mais-valia originada pela construção da Ponte sobre o Tejo, entre Lisboa e Almada, hoje Ponte 25 de Abril), a delimitação da área concretamente valorizada é dispensada e a liquidação do encargo é feita na data em que for requerida a licença de construção (artigo 3.º).

Código das Expropriações – art. 23.º (6) 91

Neste quadro, a não liquidação do encargo pode ocorrer:

a) Nos casos em que foi resolvido não aplicar o encargo.

b) Nos casos em que ainda não se concluíu o processo de liquidação do encargo;

Em qualquer destas situações, o montante hipotético do encargo
de mais-valia terá de ser expurgado no cálculo da indemnização, posto
que, ao formular a regra, a lei não faz qualquer distinção entre elas.

O montante hipotético do encargo de mais-valia calcula-se de
acordo com as normas que seriam aplicáveis se a liquidação tivesse lugar.

7. O preceito coloca vários problemas em sede de constitucionalidade.

A solução é intolerável quando a Administração tenha decidido
não aplicar o encargo, situação em que o montante hipotético estimado
do encargo de mais-valia é abatido na indemnização, enquanto aos
proprietários não expropriados se consente que dela beneficiem por
inteiro, numa clara violação do princípio da igualdade.

Por outro lado, uma vez que nos casos em que o encargo tiver
sido liquidado não se aplica o disposto na alínea *b)* do n.º 2, o expropriado é indemnizado pelo valor do bem sem dedução do montante do
encargo liquidado. Por isso, sempre que o encargo ainda não tiver sido
pago, o expropriado não chegará a satisfazê-lo e beneficiará da mais-
valia total, enquanto os não expropriados só podem conservar a parte
desta não tributada.

De qualquer modo, mesmo nos casos em que não se coloquem
estas questões, a aplicação do preceito traduzir-se-á num claro desfavor
para o expropriado, dado que lhe será imediatamente retirado, por dedução na indemnização, o montante estimado do encargo, enquanto os
proprietários não expropriados são terão de o pagar muito depois ([1]),
na altura do pedido de licenciamento da construção ou da concessão
da licença (consoante o regime legal aplicável), o que *também parece*
violar o princípio da igualdade.

8. A interpretação literal da alínea *b)* do n.º 2 levaria a que a entidade expropriante pudesse locupletar-se indirectamente com a mais-valia
introduzida no imóvel expropriado por terceira entidade, executante da
obra ou do empreendimento público que a originou, o que, por não ter

---

([1]) Por vezes com intervalo de anos ou dezenas de anos.

92   *Código das Expropriações – art. 23.º (7)*

qualquer justificação e ser contrário aos princípios que regem esta tributação, obriga a concluir que só é de aplicar o preceito nos casos em que a entidade expropriante é a beneficiária da receita do encargo.

9. A alínea *c)* do n.º 2 do artigo em anotação proíbe que na fixação do valor do bem expropriado se considere a mais-valia resultante de benfeitorias voluptuárias ou úteis introduzidas no imóvel ulteriormente à notificação da resolução de expropriar o prédio.

Dizem-se benfeitorias voluptuárias as que não são indispensáveis para a conservação nem aumentam o valor da coisa, servindo, apenas, para recreio de quem as executa. São benfeitorias úteis as que, embora dispensáveis para a conservação da coisa, lhe aumentam o valor (Código Civil, artigo 216.º).

Compreende-se que, por razões de justiça, a lei mande excluir da avaliação a mais-valia decorrente das benfeitorias úteis posteriores ao conhecimento da resolução de expropriar o prédio, mas não faz qualquer sentido determinar o mesmo relativamente às voluptuárias que, por definição, não valorizam o imóvel.

10. Questão particular, que a redacção do preceito torna pertinente, é a de saber se a indemnização deve contemplar o valor das próprias benfeitorias introduzidas no prédio após a notificação da resolução de expropriar, com o intuito de valorizar especulativamente o bem ou de encarecer a expropriação.

O imperativo de justiça, constitucionalmente exigido na fixação da indemnização, impede que se considere no respectivo cálculo o valor das benfeitorias que resultam exclusivamente da má-fé do proprietário (artigo 23.º, n.º 3) e de que o expropriante não projecta aproveitar-se ao prosseguir o fim de utilidade pública da expropriação.

Mais: afigura-se que, em tais casos, deve abater-se ao montante da indemnização o custo provável da remoção de tais benfeitorias pelo expropriante.

11. O disposto no n.º 4 constitui de forma indirecta uma rectificação retroactiva do valor patrimonial sobre que incidiu a contribuição autárquica nos últimos cinco anos, à qual apenas fica sujeito o expropriado, sendo a diferença entre o imposto pago e o seu valor corrigido cobrada mediante compensação com a indemnização devida pela expropriação. A norma só se justifica no plano fiscal. Daí parecer que

Código das Expropriações – art. 23.º (8)   93

viola os princípios da igualdade e da justiça, pois é injusta toda a retroactividade fiscal (Constituição, artigo 103.º, n.º 3) (¹).

De qualquer forma, pela mesma ordem de considerações já referida quanto ao encargo de mais-valia (v., *supra*, nota 5), parece que o preceito só poderá funcionar quando a entidade expropriante seja um município e o prédio expropriado se localize na respectiva circunscrição.

12. A determinação do valor real e corrente do bem expropriado, numa situação normal de mercado, para efeito da aplicação do disposto no n.º 5, depende de um juízo descricionário do tribunal (designadamente do tribunal arbitral), a partir da prova produzida, o qual, no entanto, terá de ser devidamente fundamentado, nos termos da lei geral de processo. Quando a decisão caiba ao juiz do tribunal de Comarca, que não é perito em avaliação, a aplicação do inciso poderá ser problemática sem a colaboração dos peritos. Afigura-se que, neste caso, a parte que suscitar a questão deverá elaborar a base instrutória para a avaliação em termos de os peritos poderem esclarecer a questão da adequação dos critérios legais à correcta fixação do valor real e corrente do bem numa situação normal de mercado.

13. A solução do n.º 6 assentava, nos trabalhos preparatórios, no princípio da competência exclusiva dos órgãos do Estado para decretar a utilidade pública da expropriação, o qual, no entanto, veio a ser alterado pela atribuição, em certos casos, de competência à assembleia municipal para emitir o acto declarativo.

O serviço encarregado de proceder aos pagamentos a que se refere o n.º 6 é a Direcção de Regularização de Responsabilidades da Direcção-Geral do Tesouro.

14. «A lei aplicável às expropriações por utilidade pública é a que vigorar à data da respectiva declaração, considerada a sua publicação no *Diário do Governo*» (Acórdão do Supremo Tribunal de Justiça, de 2 de Dezembro de 1975, *in Boletim do Ministério da Justiça*, n.º 252, pág. 83; v., no mesmo sentido, Acórdãos do S.T.J. de 18 de Junho de 1974, *in Boletim*, cit., n.º 238, pág. 165, e de 9 de Julho de 1974, *in Boletim*, cit., n.º 239, pág. 88).

(¹) Sobre o alcance da proibição de retroactividade fiscal, v. GOMES CANOTILHO e VITAL MOREIRA, *Constituição*, cit., pág. 459 e segs.

94   *Código das Expropriações – art. 24.º*

15. «O valor atribuído pelas instâncias é matéria de facto que o Supremo Tribunal de Justiça não pode alterar» (Acórdão do Supremo Tribunal de Justiça, de 2 de Dezembro de 1975, *in Boletim do Ministério da Justiça* n.º 252, pág 83; no mesmo sentido, Acórdão do S.T.J., de 25 de Fevereiro de 1969, *in Boletim do Ministério da Justiça*, n.º 184, pág 198).

16. «Na determinação do valor real de um prédio, objecto de expropriação, devem ser considerados todos os factores, não excluídos expressamente por lei, susceptíveis de influir no seu valor corrente» (Acórdão do Supremo Tribunal de Justiça, de 29 de Março de 1974, *in Boletim do Ministério da Justiça*, n.º 235, pág. 161).

ARTIGO 24.º

Cálculo do montante da indemnização

1 – O montante da indemnização calcula-se com referência à data da declaração de utilidade pública, sendo actualizado à data da decisão final do processo de acordo com a evolução do índice de preços no consumidor, com exclusão da habitação.

2 – O índice referido no número anterior é o publicado pelo Instituto Nacional de Estatística relativamente ao local da situação dos bens ou da sua maior extensão.

3 – Nos casos previstos na parte final do n.º 8 do artigo 5.º e no n.º 6 do artigo 13.º, a actualização do montante da indemnização abrange também o período que mediar entre a data da decisão judicial que fixar definitivamente a indemnização e a data do efectivo pagamento do montante actualizado.

NOTAS:

1. Antes da vigência do Código das Expropriações revogado, a lei não referia o momento relevante para o cálculo da indemnização, manifestando-se a doutrina ([1]) e a jurisprudência ([2]) no sentido de que esse momento devia ser o que ficasse mais próximo do pagamento da indemnização, i.e., o momento da avaliação do bem, e não, como anteriormente se entendia, o da declaração de utilidade pública.

Código das Expropriações – art. 25.º   95

O artigo 23.º daquele diploma retomou o princípio de que a indemnização é calculada com referência ao valor do bem no momento da declaração de utilidade pública (*rectius*: no momento da publicação desta) por ser então que é substituído pelo crédito à indemnização.

Reconhecendo, porém, a lei que, por via da inflação, os atrasos do processo de expropriação seriam susceptíveis de afectar em termos relativos a indemnização do expropriado, manda actualizá-la de acordo com a evolução do índice dos preços no consumidor, com exclusão da habitação, publicado pelo Instituto Nacional de Estatística, entre a data da referida declaração e a da decisão final do processo – ou, antes, entre os meses em que ocorrerem, dado que o índice referido tem o mês como suporte temporal mínimo.

A solução, que já constava do artigo 23.º do Código revogado, foi mantida no n.º 1 do presente artigo, por ser um corolário dos princípios da paridade temporal e da paridade de valor.

2. A liquidação da actualização é feita nos termos do artigo 71.º.

ARTIGO 25.º

Classificação dos solos

1 – Para efeitos de cálculo da indemnização por expropriação, o solo classifica-se em:
   a) **Solo apto para a construção;**
   b) **Solo para outros fins**

2 – Considera-se solo apto para a construção:
   a) **O que dispõe de acesso rodoviário e de rede de abastecimento de água, de energia eléctrica e de saneamento, com características adequadas para servir as edificações nele existentes ou a construir;**
   b) **O que apenas dispõe de parte das infra-estruturas referidas na alínea anterior, mas se integra em núcleo urbano existente;**

---

[1] FERNANDO ALVES CORREIA, *As Garantias do Particular*, cit., pág. 151.

[2] V., entre outros, Acórdãos da Relação de Évora de 29 de Março de 1979 e de 9 de Julho de 1975, in *Colectânea de Jurisprudência*, ano IV, Tomo 2, pág. 385, e *Boletim do Ministério da Justiça*, n.º 250, pág. 222, respectivamente.

96   *Código das Expropriações – art. 25.º (2)*

c) **O que está destinado, de acordo com instrumento de gestão territorial, a adquirir as características descritas na alínea a);**
d) **O que, não estando abrangido pelo disposto nas alíneas anteriores, possui, todavia, alvará de loteamento ou licença de construção em vigor no momento da declaração de utilidade pública, desde que o processo respectivo se tenha iniciado antes da data da notificação a que se refere o n.º 5 do artigo 10.º.**

3 – Considera-se solo para outros fins o que não se encontra em qualquer das situações previstas no número anterior.

NOTAS:

1. Sendo embora reconhecida a necessidade de conferir conteúdo normativo a um *padrão de avaliação* capaz de obstar à pulverização dos critérios aplicados na determinação do valor dos terrenos expropriados, tem de se reconhecer que a fixação de critérios de avaliação que possam ser considerados arbitrários ou limitativos do direito do expropriado levanta problemas de constitucionalidade ([1]), atenta a exigência da justa indemnização.

2. O principal obstáculo a vencer na fixação de critérios legais conformes à Constituição, prende-se com a necessária "consideração das desigualdades, onde a localização e o aproveitamento urbanístico assumem a maior importância" ([2]). Daí a bipartição fundamental entre terrenos aptos para a construção e terrenos para outros fins e o vasto elenco de situações subsumidas ao primeiro destes conceitos no n.º 2 do artigo em anotação.

3. Não deve confundir-se aptidão para a construção com edificabilidade, embora possam coincidir, como sucede no caso da alínea

---

([1]) Para uma crítica global aos aspectos limitativos dos critérios de avaliação constantes do Código das Expropriações de 1976, v. AMÉRICO CAMPOS COSTA e JOSÉ OSVALDO GOMES, Anotação aos Acórdãos do Tribunal Constitucional n.º 52/90, de 7 de Março de 1990, e n.º 115/88, de 1 de Junho de 1988, *in Boletim da Ordem dos Advogados*, ano 51.º (1991), tomo I, págs. 229 e segs.

([2]) *Op. cit.*, pág. 138.

Código das Expropriações – art. 26.º   97

d) do n.º 2. Dada a eliminação da regra constante do n.º 5 do artigo 24.º do Código revogado, o solo continua a ser considerado apto para a construção ainda que, por lei ou regulamento, designadamente um plano urbanístico vinculativo, não esteja destinado a esse fim.

4. Sobre o conceito de instrumento de gestão territorial ver nota 4 aos artigos 10.º, 11.º e 12.º.

5. O disposto na alínea *b)* do n.º 2 põe a questão da classificação a atribuir aos terrenos não construídos, nos intervalos de edificações erigidas ao longo de estradas, onde dificilmente se desenhará um *núcleo* urbano, no sentido usual do termo (ver artigo 62.º, n.º 1, do Decreto-Lei n.º 794/76, de 5 de Novembro). Se esses terrenos não construídos se inserirem em extensões de aglomerados existentes, devem ser considerados aptos para a construção.

6. Devem ser equiparados aos solos referidos na alínea *d)*, os aprovados para outros fins de construção, designadamente, fins indus-triais ou comerciais, à data da publicação da declaração de utilidade pública, desde que os respectivos processos se tenham iniciado antes da notificação da resolução de requerer a expropriação.

7. A determinação da data de início de um processo poderá envolver dificuldades, designadamente, quando se trate de pretensões objecto de indeferimento em que os interessados tenham requerido a respectiva reapreciação já depois da notificação da resolução de expropriar e haja alteração do sentido da decisão antes proferida.

Uma vez que a nova decisão se analisa como revogação do acto anterior, produzindo efeitos *ex tunc*, deverá entender-se, pelo menos nos casos em que o pedido de reapreciação não estiver fundamentado em alterações do projecto antes recusado e respeitantes à zona expro-priada, que está preenchido o requisito fixado na parte final da alínea *d)* do n.º 2.

ARTIGO 26.º

Cálculo do valor do solo apto para a construção

1 – O valor do solo apto para a construção calcula-se por refe-rência à construção que nele seria possível efectuar se não tivesse

98   *Código das Expropriações – art. 26.º (2)*

sido sujeito a expropriação, num aproveitamento económico normal, de acordo com as leis e os regulamentos em vigor, nos termos dos números seguintes e sem prejuízo do disposto no n.º 5 do artigo 23.º.

2 – O valor do solo apto para construção será o resultado da média aritmética actualizada entre os preços unitários de aquisições, ou avaliações fiscais que corrijam os valores declarados, efectuadas na mesma freguesia e nas freguesias limítrofes nos três anos, de entre os últimos cinco, com média anual mais elevada, relativamente a prédios com idênticas características, atendendo aos parâmetros fixados em instrumento de planeamento territorial, corrigido por ponderação da envolvente urbana do bem expropriado, nomeadamente no que diz respeito ao tipo de construção existente, numa percentagem máxima de 10%.

3 – Para os efeitos previstos no número anterior, os serviços competentes do Ministério das Finanças deverão fornecer, a solicitação da entidade expropriante, a lista das transacções e das avaliações fiscais que corrijam os valores declarados efectuadas na zona e os respectivos valores.

4 – Caso não se revele possível aplicar o critério estabelecido no n.º 2, por falta de elementos, o valor do solo apto para a construção calcula-se em função do custo da construção, em condições normais de mercado, nos termos dos números seguintes.

5 – Na determinação do custo da construção atende-se, como referencial, aos montantes fixados administrativamente para efeitos de aplicação dos regimes de habitação a custos controlados ou de renda condicionada.

6 – Num aproveitamento economicamente normal, o valor do solo apto para a construção deverá corresponder a um máximo de 15% do custo da construção, devidamente fundamentado, variando, nomeadamente, em função da localização, da qualidade ambiental e dos equipamentos existentes na zona, sem prejuízo do disposto no número seguinte.

7 – A percentagem fixada nos termos do número anterior poderá ser acrescida até ao limite de cada uma das percentagens seguintes, e com a variação que se mostrar justificada:

   a) Acesso rodoviário, com pavimentação em calçada, betuminoso ou equivalente, junto da parcela – 1,5%;

   b) Passeios em toda a extensão do arruamento ou do quarteirão, do lado da parcela – 0,5%;

Código das Expropriações – art. 26.º (3) 99

c) Rede de abastecimento domiciliário de água, com serviço junto da parcela – 1%;

d) Rede de saneamento, com colector em serviço junto da parcela – 1,5%;

e) Rede de distribuição de energia eléctrica em baixa tensão com serviço junto da parcela – 1%;

f) Rede de drenagem de águas pluviais com colector em serviço junto da parcela – 0,5%;

g) Estação depuradora, em ligação com a rede de colectores de saneamento com serviço junto da parcela – 2%;

h) Rede distribuidora de gás junto da parcela – 1%;

i) Rede telefónica junto da parcela – 1%.

8 – Se o custo da construção for substancialmente agravado ou diminuído pelas especiais condições do local, o montante do acréscimo ou da diminuição daí resultante é reduzido ou adicionado ao custo da edificação a considerar para efeito da determinação do valor do terreno.

9 – Se o aproveitamento urbanístico que serviu de base à aplicação do critério fixado nos n.os 4 a 8 constituir, comprovadamente, uma sobrecarga incomportável para as infra-estruturas existentes, no cálculo do montante indemnizatório deverão ter-se em conta as despesas necessárias ao reforço das mesmas.

10 – O valor resultante da aplicação dos critérios fixados nos n.os 4 a 9 será objecto de aplicação de um factor correctivo pela inexistência do risco e do esforço inerente à actividade construtiva, no montante máximo de 15% do valor da avaliação.

11 – No cálculo do valor do solo apto para a construção em áreas críticas de recuperação e reconversão urbanística, legalmente fixadas, ter-se-á em conta que o volume e o tipo de construção possível não deve exceder os da média das construções existentes do lado do traçado do arruamento em que se situe, compreendido entre duas vias consecutivas.

12 – Sendo necessário expropriar solos classificados como zona verde, de lazer ou para a instalação de infra-estruturas e equipamentos públicos por plano municipal de ordenamento do território plenamente eficaz, cuja aquisição seja anterior à sua entrada em vigor, o valor de tais solos será calculado em função do valor médio das construções existentes ou que seja possível edifi-

100   *Código das Expropriações – art. 26.º (4)*

car nas parcelas situadas numa área envolvente, cujo perímetro exterior se situe a 300 m do limite da parcela expropriada.

NOTAS:

1. O critério fixado no n.º 2 do presente artigo não permite atender aos factores que, de acordo com a experiência, contribuiriam para a formação do preço da parcela expropriada se fosse adquirida por um comprador prudente no mercado imobiliário em situação normal, se a expropriação não tivesse ocorrido.

De acordo com o que nele se estabelece, em clara divergência com o disposto no n.º 1 anterior, o valor dos solos expropriados, aptos para a construção, determina-se pela aplicação da média aritmética actualizada dos preços unitários das aquisições, declarados para efeitos fiscais, e ou das avaliações fiscais destinadas a corrigi-los, que tenham ocorrido na mesma freguesia e nas freguesias limítrofes nos três anos, de entre os últimos cinco, com média anual mais elevada, relativamente a prédios comparáveis – por, de acordo com os parâmetros urbanísticos fixados em instrumento de planeamento territorial, terem idênticas características –, sendo corrigido através da ponderação da envolvente urbana da parcela expropriada, nomeadamente no que diz respeito ao tipo de construção aí existente, até à percentagem máxima de 10%.

Trata-se de um critério assente numa base irrealista: as declarações fiscais são, as mais das vezes, fraudulentas e as avaliações correctivas, como é sabido, são influenciadas por orientações restritivas não escritas da Administração fiscal (chegando a não ultrapassar metade dos valores reais, conhecidos dos peritos fiscais).

Acresce que a imposição de um valor unitário médio também origina graves distorções na avaliação, sabendo-se que os terrenos urbanos são vendidos por preços que dependem quase exclusivamente do aproveitamento construtivo que neles pode ter lugar. Desta forma, dois terrenos com a mesma frente para uma rua, com a mesma área de construção possível, e vendidos pelo mesmo preço, terão valores unitários de venda diversos se a respectiva profundidade for diferente.

O critério de avaliação do n.º 2 constitui uma complexa formulação do método comparativo, assente em dados ficcionados, e não assegura a determinação do valor real e corrente das parcelas expropriadas aptas para a construção, no mercado imobiliário em situação normal.

Código das Expropriações – art. 26.º (5) 101

Por isso, atento o disposto no n.º 5 do artigo 23.º, o expropriado ou qualquer outro interessado pode requerer, e o tribunal arbitral ou o tribunal judicial pode decidir que a avaliação obedecerá ao processo de cálculo regulado nos n.ºs 4 e seguintes ou a outro, nos termos que forem mais adequados à determinação do valor real e corrente do imóvel expropriado (v. nota 11 ao artigo 23.º).

2. O disposto no n.º 5 constitui um factor limitativo da fixação do valor real e corrente do bem, numa situação normal de mercado, o qual não é compatível com sistemas de controlo administrativo que, precisamente, visam contrariar os valores decorrentes do livre jogo da oferta e da procura e que, de resto, são profundamente divergentes entre si.

3. Sobre o conceito de instrumento de planeamento territorial ver nota 3 aos artigos 10.º a 12.º.

4. Os n.ºs 4 e 6 e seguintes não têm por objectivo limitar a indemnização na expropriação de terrenos aptos para a construção mas uniformizar o critério da sua avaliação, dentro de parâmetros relativamente elásticos, reduzindo a inevitável subjectividade dos avaliadores e garantindo, consequentemente, uma maior igualdade no tratamento das várias situações.

Daí que as percentagens máximas neles referidas não funcionem como barreira na determinação do valor dos solos expropriados aptos para a construção. Essas percentagens são, antes, referenciais para os avaliadores, configurando um mero padrão de cálculo.

A ponderação de um caso concreto pode levar a concluir que as características particulares do solo apto para a construção a avaliar o colocam fora da normalidade, obrigando a um tratamento diferenciado (v. artigo 23.º, n.º 5) [1].

5. Particular referência merece a circunstância de os n.ºs 5 e 8 se reportarem ao *custo da construção*. Quando se identifique o custo de construção com os custos directos de produção (materiais, equipamen-

---

[1] O Acórdão do Supremo Tribunal de Justiça de 31 de Março de 1967, *in Boletim do Ministério da Justiça*, n.º 165, pág. 268, julgou que "os índices orientadores da fixação do valor real não prejudicam a liberdade de apreciação do avaliador, e, por maioria de razão, do julgador de facto".

102   *Código das Expropriações – art. 27.º*

tos dos edifícios e mão-de-obra) ter-se-á de concluir que o valor do solo é determinado a partir de um dado não comparável. Outro tanto já não sucede se o custo da construção for considerado na perspectiva do adquirente final (compreendendo, portanto, outros factores, designadamente os referidos na alínea *a)* do n.º 1 do artigo 28.º e o lucro do promotor).

6. Ao invés do que poderia parecer, o n.º 9 não visa pôr a cargo do expropriado o custo do reforço de infra-estruturas exteriores (desde logo, porque não será realizado) através da sua compensação com o montante da indemnização.

A situação é diferente: uma vez que o valor real e corrente do imóvel é o preço que um comprador prudente pagaria pelo mesmo, numa situação normal de mercado, não podem deixar de relevar, na sua formação, para além do aproveitamento construtivo possível do terreno, as despesas que para esse efeito teriam de ser efectuadas, designadamente, aquelas que o preceito refere (ver artigo 13.º, n.º 2, alínea *e)*, do Decreto-Lei n.º 448/91, de 29 de Novembro, alterado pela Lei n.º 25/92, de 31 de Agosto e pelos Decretos-Lei n.º 302/94, de 10 de Dezembro, n.º 334/95, de 28 de Dezembro – por sua vez alterado pela Lei n.º 26/96, de 1 de Agosto) ([1]).

7. O n.º 10 explica-se por razões semelhantes às que ditam a regra do n.º 9. Estão em causa os custos de organização, *marketing*, impostos, etc., que o expropriado suportaria se tivesse podido realizar o empreendimento admitido como possível na avaliação, que os peritos e o julgador de facto devem considerar, até ao limite de 15% do valor da avaliação efectuada.

ARTIGO 27.º

Cálculo do valor do solo para outros fins

1 – O valor do solo apto para outros fins será o resultante da média aritmética actualizada entre os preços unitários de aquisição ou avaliações fiscais que corrijam os valores declarados efectuados na mesma freguesia e nas freguesias limítrofes nos três

---

([1]) O princípio é mantido no artigo 25.º do Decreto-Lei n.º 555/99, de 16 de Dezembro, que substituirá, revogando-o, o Decreto-Lei n.º 448/91, de 29 de Novembro.

Código das Expropriações – art. 27.º (2)   103

anos, de entre os últimos cinco, com média anual mais elevada, relativamente a prédios com idênticas características, atendendo aos parâmetros fixados em instrumento de planeamento territorial e à sua aptidão específica.

2 – Para os efeitos previstos no número anterior, os serviços competentes do Ministério das Finanças deverão fornecer, a solicitação da entidade expropriante, a lista de transacções e das avaliações fiscais que corrijam os valores declarados efectuadas na zona e os respectivos valores.

3 – Caso não se revele possível aplicar o critério estabelecido no n.º 1, por falta de elementos, o valor do solo para outros fins será calculado tendo em atenção os seus rendimentos efectivo ou possível no estado existente à data da declaração de utilidade pública, a natureza do solo e do subsolo, a configuração do terreno e as condições de acesso, as culturas predominantes e o clima da região, os frutos pendentes e outras circunstâncias objectivas susceptíveis de influir no respectivo cálculo.

NOTAS:

1. A nota 1 ao artigo anterior é aplicável, mudando o que é de mudar, ao disposto no n.º 1 do presente artigo.

2. "Manda a lei que se atenda aos rendimentos efectivos e possível dos terrenos situados fora de aglomerados urbanos. Os árbitros devem, pois, atender ao que é *efectivamente* produzido e àquilo que é *possível produzir*.

Se, por exemplo, um prédio está adstrito à produção florestal, deve atender-se ao tipo de árvores, ao mato, à rentabilidade, aos preços; isto será considerar o destino rústico do prédio. Mas há que atender, também àquilo que, em condições óptimas de aproveitamento, o prédio pode produzir.

"O cálculo do valor faz-se através de considerações de carácter financeiro. Deve ter-se em conta o rendimento anual, que é capitalizado a determinada taxa de juro. Lógico que, quanto mais elevada for a taxa de juro, mais baixo será o resultado da capitalização. Em regra, a taxa de juro de capitalização é de 4%, embora os tribunais já tenham utilizado taxas de 3% e de 5%.

104   *Código das Expropriações – art. 28.º*

A fórmula de capitalização correntemente usada é esta:

$$C = \frac{va \times 1,04}{0,04},$$

em que *C* é o valor do prédio e *va* é o rendimento anual" ([1]).

ARTIGO 28.º

Cálculo do valor de edifícios ou construções e das respectivas áreas de implantação e logradouros

1 – Na determinação do valor dos edifícios ou das construções com autonomia económica atende-se, designadamente, aos seguintes elementos:

a) **Valor da construção, considerando o seu custo actualizado, a localização, o ambiente envolvente e a antiguidade;**

b) **Sistemas de infra-estruturas, transportes públicos e proximidade de equipamentos;**

c) **Nível de qualidade arquitectónica e conforto das construções existentes e estado de conservação, nomeadamente dos pavimentos e coberturas das parcelas exteriores, partes comuns, portas e janelas;**

d) **Área bruta;**

e) **Preço das aquisições anteriores e respectivas datas;**

f) **Número de inquilinos e rendas;**

g) **Valor de imóveis próximos, da mesma qualidade;**

h) **Declarações feitas pelos contribuintes ou avaliações para fins fiscais ou outros.**

2 – No caso de o aproveitamento económico normal da área de implantação e do logradouro não depender da demolição dos edifícios ou das construções, a justa indemnização corresponde ao somatório dos valores do solo e das construções, determinados nos termos do presente Código.

3 – No caso contrário, calcula-se o valor do solo, nele deduzindo o custo das demolições e dos desalojamentos que seriam necessários para o efeito, correspondendo a indemnização à diferença apurada, desde que superior ao valor determinado nos termos do número anterior.

([1]) Mário Jorge de Lemos Pinto, *Código,* cit., pág. 68.

Código das Expropriações – art. 29.º 105

NOTAS:

1. O carácter referencial das regras de cálculo do valor dos imóveis é mais vincado no presente artigo, em consequência da inexistência de percentagens.

2. Os n.ᵒˢ 2 e 3 dão sede normativa a critérios de avaliação de edifícios e seus logradouros que já vinham sendo utilizados na vigência do Código revogado para se conseguir a justiça da indemnização.

ARTIGO 29.º

Cálculo do valor nas expropriações parciais

1 – Nas expropriações parciais, os árbitros ou os peritos calculam sempre, separadamente, o valor e o rendimento totais do prédio e das partes abrangidas e não abrangidas pela declaração de utilidade pública.

2 – Quando a parte não expropriada ficar depreciada pela divisão do prédio ou desta resultarem outros prejuízos ou encargos, incluindo a diminuição da área total edificável ou a construção de vedações idênticas às demolidas ou às subsistentes, especificam-se também, em separado, os montantes da depreciação e dos prejuízos ou encargos, que acrescem ao valor da parte expropriada.

3 – Não haverá lugar à avaliação da parte não expropriada, nos termos do n.º 1, quando os árbitros ou os peritos, justificadamente, concluirem que, nesta, pela sua extensão, não ocorrem as circunstâncias a que se referem as alíneas *a)* e *b)* do n.º 2 e o n.º 3 do artigo 3.º.

NOTAS:

1. Ver artigos 3.º, n.ᵒˢ 2 e 3, e 55.º e seguintes.

2. Uma vez que o pedido de expropriação total passa a poder ser formulado dentro do prazo de recurso da decisão arbitral (e não, como anteriormente, antes do funcionamento da arbitragem), o n.º 1 do presente artigo determina que os árbitros (tal como os peritos, no recurso, quando tiver sido controvertido o valor das partes sobrantes abrangidas pelo pedido de expropriação total) devem calcular sempre o valor e o

106   *Código das Expropriações – art. 30.º*

rendimento totais do prédio e das partes abrangidas e não abrangidas pela declaração de utilidade pública, salvo nos casos referidos no n.º 3, em que, em regra, de acordo com a experiência, não ocorrem os requisitos necessários para a expropriação total.

V. nota 2 aos artigos 55.º a 57.º.

3. O n.º 2 é expressão do princípio de que a indemnização abrange o ressarcimento de todos os prejuízos sofridos pelo expropriado em consequência da expropriação.

V., ainda, neste sentido, os n.ᵒˢ 4 a 6 do artigo 30.º e o artigo 31.º.

ARTIGO 30.º
Indemnização respeitante ao arrendamento

1 – O arrendamento para comércio, indústria ou exercício de profissão liberal, ou para habitação no caso previsto no n.º 2 do artigo 9.º, bem como o arrendamento rural, são considerados encargos autónomos para efeito de indemnização dos arrendatários.

2 – O inquilino habitacional obrigado a desocupar o fogo em consequência da caducidade do arrendamento resultante de expropriação pode optar entre uma habitação cujas características, designadamente de localização e renda, sejam semelhantes às da anterior ou por indemnização satisfeita de uma só vez.

3 – Na fixação da indemnização a que se refere o número anterior atende-se ao valor do fogo, ao valor das benfeitorias realizadas pelo arrendatário e à relação entre as rendas pagas por este e as praticadas no mercado.

4 – Na indemnização respeitante a arrendamento para comércio, indústria ou exercício de profissão liberal, atende-se às despesas relativas à nova instalação, incluindo os diferenciais de renda que o arrendatário irá pagar, e aos prejuízos resultantes do período de paralisação da actividade, necessário para a transferência, calculados nos termos gerais de direito.

5 – Na indemnização respeitante a arrendamento rural atende-se, além do valor dos frutos pendentes ou das colheitas inutilizadas, ao valor das benfeitorias a que o rendeiro tenha direito e aos demais prejuízos emergentes da cessação de arrendamento, calculados nos termos gerais de direito.

Código das Expropriações – art. 30.º (2)

6 – O disposto nos números anteriores é também aplicável se a expropriação recair directamente sobre o arrendamento e no caso de resolução do contrato de arrendamento nos termos dos artigos 8.º e 11.º do Decreto n.º 139-A/79, de 24 de Dezembro.

NOTAS:

1. O contrato de locação caduca no caso de expropriação por utilidade pública, a não ser que esta se compadeça com a sua subsistência (artigo 1051.º, n.º 1, alínea *f*), do Código Civil).

2. A caducidade do contrato de arrendamento urbano em consequência de expropriação por utilidade pública, obriga o expropriante a indemnizar o arrendatário, nos termos dos n.ºs 2 a 4, sendo a posição do inquilino considerada como encargo autónomo (Regime de Arrendamento Urbano, aprovado pelo Decreto-Lei n.º 321-B/90, de 15 de Outubro, rectificado no *Diário da República*, 1.ª série, suplemento, de 30 de Novembro de 1990, e alterado pelo Decreto-Lei n.º 278/93, de 10 de Agosto, pela Lei n.º 13/94, de 11 de Maio, e pelos Decretos--Leis n.ºs 163/95, de 13 de Julho, e 257/95, de 30 de Setembro, artigo 67.º, n.º 1).

3. A expropriação de prédios objecto de contrato de arrendamento rural determina a caducidade deste, nos termos do artigo 25.º do Decreto--Lei n.º 385/88, de 25 de Outubro:

Artigo 25.º
Caducidade por expropriação

1 – A expropriação do prédio ou prédios arrendados por utilidade pública importa a caducidade do arrendamento.

2 – Se a expropriação for total, o arrendamento é considerado encargo autónomo para o efeito de o arrendatário ser indemnizado pelo expropriante.

3 – Na indemnização, além dos valores dos frutos pendentes ou das colheitas inutilizadas, atende-se ainda ao valor das benfeitorias a que o arrendatário tenha direito e aos demais prejuízos emergentes da cessação do arrendamento, calculados nos termos gerais de direito.

Código das Expropriações – art. 30.º (3)

4 – Se a expropriação for parcial, o arrendatário, independentemente dos direitos facultados no número anterior em relação à parte expropriada, pode optar pela resolução do contrato ou pela redução proporcional da renda.

5 – Não se aplica, porém, o disposto no número anterior se a parte expropriada corresponder a mais do dobro da parte não expropriada, caso em que ocorre igualmente caducidade com a aplicação dos n.ºs 2 e 3 deste artigo.

4. O presente artigo 30.º não faz qualquer referência ao arrendamento florestal como encargo autónomo, resultando a caducidade do disposto no artigo 20.º do Decreto-Lei n.º 394/88, de 8 de Novembro:

Artigo 20.º
Caducidade do arrendamento devido a expropriação

1 – A expropriação por utilidade pública da totalidade do imóvel arrendado importa a caducidade do arrendamento.

2 – Se a expropriação for total, o arrendamento é considerado como encargo autónomo para o efeito de o arrendatário ser indemnizado pelo expropriante, tendo aquele direito a uma indemnização calculada nos termos da legislação respectiva, mas nunca inferior ao valor dos capitais investidos ou dos lucros cessantes, valores estes sempre reportados à data em que é proferida a primeira decisão no processo de expropriação por utilidade pública.

3 – Em alternativa, e para o cômpulo da indemnização, também se poderá atender à capitalização dos rendimentos anuais ou multianuais verificados no momento referido na última parte do número anterior.

4 – Se a expropriação for parcial, o arrendatário, independentemente dos direitos facultados nos dois números anteriores em relação à parte expropriada, pode optar pela redução proporcional da renda ou pela resolução do contrato quando o senhorio, nos termos da legislação referente a expropriações por utilidade pública, não tenha requerido a expropriação total ou não veja deferida esta pretensão.

Na falta de norma do Código das Expropriações aplicável especificamente ao arrendamento florestal será de aplicar, por analogia, os

Código das Expropriações – art. 30.º (4) 109

critérios de indemnização estabelecidos para o arrendamento rural, para os efeitos e com os limites fixados nos n.ᵒˢ 2 e 3 do preceito transcrito. A parte final do n.º 2 deve ter-se por revogada pelo disposto no n.º 2 do artigo 22.º do Código das Expropriações de 1991.

5. A indemnização prevista nos n.ᵒˢ 2 a 5 do artigo 30.º reporta--se à situação em que "o arrendamento constitui apenas o objecto secundário ou indirecto do acto expropriativo, detendo a posição do objecto primário do acto ablativo o prédio ocupado pelo arrendatário ou, se se preferir, o direito de propriedade que incide sobre aquele substrato real. Num caso destes, os danos suportados pelo arrendatário não são reportáveis à 'perda do direito' (*Rechtsverlust*) objecto da expropriação, antes revestem a natureza de danos patrimoniais subsequentes, derivados (*Folgekosten* ou *Folgeschaden*) ou laterais, isto é, prejuízos que são uma consequência da caducidade do arrendamento, por efeito do acto de expropriação por utilidade pública (...)" ([1]).

6. Os n.ᵒˢ 4 e 5 demonstram que a indemnização pode exceder o valor do bem jurídico atingido, abrangendo prejuízos sofridos pelos arrendatários em consequência da expropriação que não têm correspondência naquele valor. V., ainda, neste sentido, os artigos 29.º e 31.º.

7. O disposto no n.º 6 sobre a expropriação directa do arrendamento acompanha a jurisprudência do Tribunal Constitucional na vigência do Código revogado ([2]).

8. Nos termos da alínea *n)* do n.º 2 do artigo 68.º da Lei n.º 109//99, de 18 de Setembro, compete ao presidente da câmara municipal "ordenar o despejo sumário dos prédios cuja expropriação por utilidade pública tenha sido declarada (...)" ([3]).

([1]) Fernando Alves Correia, *Formas de Pagamento da Indemnização*, cit., pág. 10 (nota).

([2]) V. Acórdão do Tribunal Constitucional n.º 37/91, de 14 de Fevereiro de 1991, *in Diário da República*, 2.ª Série, n.º 144, de 26 de Junho de 1991; sobre esta matéria, v. Fernando Alves Correia, loc. cit.

([3]) Todavia, "a Administração não pode desalojar os moradores das casas de habitação que tenham de ser demolidas ou desocupadas, embora temporariamente, para a realização de qualquer empreendimento ou execução de qualquer trabalho ou actividade, sem que tenha providenciado, quando tal se mostre necessário, pelo realojamento dos mesmos" (Decreto-Lei n.º 794/76, de 5 de Novembro, artigo 52.º).

110 *Código das Expropriações – art. 30.º (5)*

9. O artigo 8.º do Decreto n.º 139-A/79, de 24 de Dezembro, autoriza o Estado a denunciar os contratos de arrendamento dos prédios de que seja proprietário, antes do termo do prazo por que foram celebrados ou das respectivas renovações em curso, quando os mesmos, ou os locais onde se situam, se destinem à instalação dos seus serviços ou a outros fins de utilidade pública.

O arrendatário despedido tem de desocupar o prédio dentro do prazo que lhe for concedido (que não pode prejudicar a antecedência mínima fixada na lei) sob pena de, se não o fizer, ser imediatamente despejado por via administrativa (artigo 9.º, n.º 2).

O despejo administrativo também pode ocorrer nos casos de denúncia destinada a viabilizar a ampliação do prédio ou a construção de novos edifícios, em termos de se obter o aumento dos locais arrendáveis, bem como de resolução e de denúncia por qualquer dos fundamentos da lei civil, mas respeitando-se os prazos fixados no artigo 1053.º do Código Civil e no artigo 70.º do Regime de Arrendamento Urbano, com as necessárias adaptações (artigo 11.º).

Nestas situações não há expropriação, visto não se tratar de uma medida genérica a que todos os inquilinos estejam sujeitos. Há, antes, o exercício de poderes do Estado na qualidade de senhorio, em consequência de ter celebrado com terceiro um contrato de arrendamento ou de ter adquirido o imóvel já arrendado.

A extensão do regime do Código das Expropriações à denúncia do arrendamento operada nos termos do artigo 8.º do Decreto n.º 139--A/79 explica-se pela identidade com a situação em que um senhorio, não tendo os poderes que nesta matéria a lei confere ao Estado, se socorre da expropriação do arrendamento para obter a disponibilidade do imóvel, ou do solo, para o aplicar num fim de utilidade pública.

Pode aceitar-se que a solução se aplique, também, por razões de justiça, à denúncia do arrendamento para aumento da capacidade locativa do imóvel, ou, mesmo, à caducidade, se o despejo do inquilino pelo Estado visar exclusivamente a aplicação do prédio ou local arrendado a um fim de utilidade pública. Mas nenhuma razão existe para indemnizar o inquilino despedido pelo Estado nas situações tipificadas no regime geral de arrendamento como fundamentos do direito de resolução do contrato.

Sendo manifesto que o legislador não quis estender o regime indemnizatório, pelo menos, à resolução do contrato baseada na violação dos deveres do inquilinato, deve entender-se que esta não é

Código das Expropriações – art. 31.º 111

abrangida pela remissão do n.º 6 do artigo 30.º. A isto não pode, sequer, opôr-se o teor deste último inciso, dada a imperfeição técnica da sua formulação, onde se utiliza a expressão "resolução do contrato" para abranger situações tão diversas como a denúncia, a caducidade e a resolução do contrato. O que se quis referir foi, antes, a cessação do arrendamento por razões de interesse público.

10. O disposto na parte final do n.º 6 revoga, por substituição, o artigo 10.º do Decreto n.º 139-A/79.

ARTIGO 31.º
Indemnização pela interrupção da actividade comercial, industrial, liberal ou agrícola

1 – Nos casos em que o proprietário do prédio nele exerça qualquer actividade prevista no n.º 4 do artigo anterior, a indemnização pelo valor do prédio acresce a que corresponder aos prejuízos da cessação inevitável ou da interrupção e transferência dessa actividade, pelo período de tempo objectivamente necessário, calculada nos termos do mesmo preceito.

2 – Se da expropriação resultarem prejuízos para o conjunto da exploração agrícola efectuada directamente pelo proprietário, à indemnização corresponde acrescer a relativa àqueles prejuízos, calculada nos termos gerais de direito.

NOTAS:

1. Este preceito demonstra mais uma vez que a indemnização abrange prejuízos sofridos pelo expropriado em consequência da expropriação que não se confinam ao valor do direito atingido.

Neste sentido, veja-se, ainda, o artigo 29.º e os n.ºˢ 4 e 5 do artigo anterior.

2. O n.º 1 do artigo 30.º do Código revogado só fazia referência ao acréscimo de indemnização no caso de interrupção de actividade, mas o preceito era interpretado extensivamente no sentido de a indemnização englobar também a cessação da actividade.

Esta é, agora, expressamente mencionada no n.º 1, exigindo-se, porém, que seja inevitável.

112   *Código das Expropriações – art. 32.º*

A lei não pretendeu restringir a indemnização dos danos laterais aos casos em que a actividade do proprietário só pode ter lugar no prédio expropriado, em consequência de circunstâncias particulares deste. A inevitabilidade da cessação pode ainda ocorrer, nomeadamente, quando o encargo com a obtenção de um local substitutivo inviabilizar economicamente a continuação da actividade. A inevitabilidade da cessação da actividade deve ser analisada objectivamente, caso a caso.

3. Em face da redacção da parte final do n.º 1, a entidade expropriante está obrigada a indemnizar os prejuízos decorrentes do período de interrupção da actividade objectivamente necessário para a transferência da actividade para outro local, que pode não coincidir com o lapso de tempo em que a actividade esteve efectivamente suspensa (v.g., devido a inércia do expropriado).

ARTIGO 32.º

**Indemnização pela expropriação de direitos diversos
da propriedade plena**

Na expropriação de direitos diversos da propriedade plena, a indemnização é determinada de harmonia com os critérios fixados para aquela propriedade, na parte em que forem aplicáveis.

NOTAS:

1. O presente artigo regula directamente a expropriação autónoma de direitos reais limitados, servidões, ónus e garantias reais. Todavia, por uma razão de igualdade, também deverá ser aplicado nos casos em que esses direitos (reais) sejam abolidos como efeito secundário ou indirecto da expropriação e não se contenha, no respectivo instituto, regra própria sobre indemnização.

2. Nos casos em que o preceito funcione para regular a indemnização de direitos reais atingidos reflexamente pela expropriação da propriedade, deverá o montante global apurado ser repartido pelos diversos interessados, tendo em consideração o conteúdo e a duração do direito de cada um deles ([1]).

([1]) Fernando Alves Correia, *Formas de Pagamento da Indemnização*, cit., pág. 9 (nota).

TÍTULO IV
Processo de expropriação

CAPÍTULO I
Expropriação amigável

ARTIGO 33.º
Tentativa de acordo

Antes de promover a constituição de arbitragem, a entidade expropriante deve procurar chegar a acordo com o expropriado e os demais interessados nos termos dos artigos seguintes.

NOTAS:

1. A "adesão à expropriação", designada, no direito português, por expropriação amigável, ocorre num momento em que o expropriado já perdeu, por obra da declaração de utilidade pública, a propriedade do bem, a que se sub-rogou o crédito indemnizatório.

Neste quadro, a lei reconhece autonomia às partes na relação jurídica de expropriação para regularem o montante da indemnização devida e, designadamente, a forma e o prazo de cumprimento ([1]), as garantias, os juros de capital e moratórios, a expropriação de parcelas sobrantes, a renúncia à reversão e a respectiva contrapartida ([2]).

Uma vez que o acordo de expropriação amigável não tem por objecto a transferência da propriedade, esta encontra o seu fundamento na própria lei que, ao dispensar a adjudicação judicial, permite ao expropriante exercer de imediato os poderes de propriedade sobre o bem. Trata-se, pois, de uma aquisição *ope expropriationis* ([3]) e não por efeito da vontade das partes.

([1]) Sobre o limite do prazo, v. artigo 67.º, n.º 5.

([2]) Artigo 5.º, n.º 6.

([3]) Neste sentido, Eduardo Garcia de Enterria, *Los Princípios*, cit., pág. 127.

Código das Expropriações – art. 33.º (2)

2. É geralmente admitido que o acordo de expropriação amigável pode ser objecto de contrato-promessa nos termos do artigo 410.º do Código Civil e do artigo 179.º, n.º 1, do Código do Procedimento Admnistrativo.

3. A lei permite que os órgãos administrativos celebrem quaisquer contratos administrativos para prossecução das atribuições da pessoa colectiva a que pertencem. E define contrato administrativo como o acordo de vontades pelo qual é constituída, modificada ou extinta uma relação jurídico-administrativa (Código do Procedimento Admnistrativo, artigos 178.º, n.º 1, e 179.º, n.º 1).

"Na noção de contrato administrativo dada no Código, o que é distinto e decisivo, por oposição aos contratos de direito privado (comuns ou da Administração), é o facto de ele ter como efeito a *constituição* (a modificação ou a extinção) de uma *relação jurídica administrativa.*

"No resto, quanto ao enlace ou *acordo jurídico das vontades* dos dois contraentes, a noção de contrato administrativo não se afasta da noção de direito privado: há acordo (de vontades) quando as declarações de vontade recíprocas e de igual valia jurídica dos dois sujeitos se interpenetram, de modo a criar um *acto (um efeito) jurídico único*" ([1]).

Tanto o acordo de expropriação amigável como o respectivo contrato-promessa celebrados por uma entidade pública expropriante são contratos administrativos ([2]), pois que através deles se fixa o conteúdo da importantíssima vertente da relação jurídico-administrativa da expropriação respeitante à determinação do montante da justa indemnização compensatória, requisito da respectiva legitimidade.

4. O expropriante deve procurar estabelecer acordos (eventualmente autónomos) que evitem o recurso à via litigiosa:

a) Com o expropriado e os interessados credores de indemnização não autónoma ou cujo direito se transfira para a indemnização;

b) Com cada um dos interessados com direito a indemnização autónoma.

([1]) MÁRIO ESTEVES DE OLIVEIRA e outros, *Código do Procedimento Administrativo*, 2.ª ed., Coimbra, 1997, pág. 809.

([2]) Contra: Acórdão do Supremo Tribunal Administrativo (1.ª secção), de 30 de Novembro de 1998, *in Boletim do Ministério da Justiça*, n.º 381, pág. 438.

Código das Expropriações – arts. 34.º e 35.º

ARTIGO 34.º

Objecto de acordo

Nas expropriações amigáveis podem constituir objecto de acordo entre a entidade expropriante e expropriado ou demais interessados:
  a) **O montante da indemnização;**
  b) **O pagamento de indemnização ou de parte dela em prestações, os juros respectivos e o prazo de pagamento destes;**
  c) **O modo de satisfazer as prestações;**
  d) **A indemnização através da cedência de bens ou direitos nos termos dos artigos 67.º e 69.º;**
  e) **A expropriação total;**
  f) **Condições acessórias.**

NOTA:

As partes são livres de regularem no acordo, dentro dos limites da lei (v. artigos 67.º e seguintes), todas as matérias que tiverem por convenientes à defesa dos seus interesses: garantias a prestar pelo devedor das prestações, efeitos de falta de pagamento, acréscimo de indemnização por renúncia à reversão, etc.

Designadamente, poderá, também, estabelecer-se com os interessados que renunciem ao seu direito sobre a indemnização a compensação a que terão direito em consequência da renúncia (v. nota 1 ao artigo anterior).

ARTIGO 35.º

Proposta da entidade expropriante

1 – No prazo de 15 dias após a publicação da declaração de utilidade pública, a entidade expropriante, através de carta ou ofício registado com aviso de recepção, dirige proposta do montante indemnizatório ao expropriado e aos demais interessados cujos endereços sejam conhecidos, bem como ao curador provisório.

2 – O expropriado e demais interessados dispõem do prazo de 15 dias para responder, podendo fundamentar a sua contra-proposta em valor constante de relatório elaborado por perito da sua escolha.

Código das Expropriações – art. 36.º

3 – Na falta de resposta ou de interesse da entidade expropriante em relação a contraproposta, esta dá início à expropriação litigiosa, nos termos dos artigos 38.º e seguintes, notificando deste facto o expropriado e os demais interessados que tiverem respondido.

4 – O expropriado e os demais interessados devem esclarecer, por escrito, dentro dos prazos de oito dias a contar da data em que tenham sido notificados para o efeito, as questões que lhes forem postas pela entidade expropriante.

NOTAS:

1. O legislador, impõe ao expropriante o dever de promover a expropriação amigável, procurando furtar as partes à incerteza da fixação da indemnização em processo litigioso. Porém, como já se encontra consumada a declaração de utilidade pública, não obriga o expropriante a explorar todas as possibilidades de acordo.

2. Quanto ao curador provisório, v. n.ºs 2 a 4 do artigo 41.º.

3. O disposto no n.º 4 melhor figuraria em preceito autónomo, uma vez que não se aplica apenas na expropriação amigável.

ARTIGO 36.º

Formalização do acordo por escritura ou auto

1 – O acordo entre a entidade expropriante e os demais interessados deve constar:

a) **De escritura de expropriação amigável, se a entidade expropriante tiver notário privado;**

b) **De auto de expropriação amigável, a celebrar perante o notário privativo do município do lugar da situação do bem expropriado ou da sua maior extensão, ou, sendo a entidade expropriante do sector público administrativo, perante funcionário designado para o efeito.**

2 – O disposto nas alíneas anteriores não prejudica o recurso ao notário público, beneficiando os interessados de prioridade sobre o restante serviço notarial.

Código das Expropriações – art. 36.º (2) 117

3 – O auto ou a escritura celebrado nos termos dos números anteriores, que tenha por objecto parte de um prédio, qualquer que seja a sua área, constitui título bastante para efeitos da sua desanexação.

NOTAS:

1. O Estado e os serviços dotados de autonomia administrativa e financeira deixaram de dispor de oficial público a partir da revogação do Decreto-Lei n.º 211/79, de 12 de Julho, operada pelo Decreto-Lei n.º 55/95, de 29 de Março.

A parte final da alínea *b)* do n.º 1 visa ultrapassar dificuldades na tempestiva celebração dos autos de expropriação amigável, facilitando a sua formalização.

2. Os municípios dispõem de notário privativo (Código Administrativo, artigo 137.º, n.º 12, Decreto-Lei n.º 116/84, de 6 de Abril, alterado pela Lei n.º 44/85, de 13 de Setembro, pelo Decreto-Lei n.º 198/81, de 29 de Maio e pelas Leis n.º 96/99, de 17 de Julho, e n.º 169/99, de 18 de Setembro, artigo 15.º, n.ºs 7, 9, 10 e 12).

3. É entendimento uniforme do Tribunal de Contas não haver lugar a Visto nos acordos de expropriação amigável (cfr., por todos, Acórdão da 1.ª secção, n.º 326/90, de 12 de Julho, inédito).

4. A lei dispensa a adjudicação judicial da propriedade e da posse quando haja expropriação amigável. Com a autorga da escritura ou do auto ocorre a aquisição do bem pela entidade expropriante, servindo esse instrumento de base ao registo predial (de desanexação predial – quando for o caso –, averbamento da aquisição e cancelamento dos registos de direitos que tenham sido abolidos pela declaração de utilidade pública).

5. Se o expropriante não estiver pessoalmente isento de sisa ou a aquisição não estiver objectivamente isenta é devido esse imposto (Código da Sisa, artigo 8.º, n.º 1).

6. A Administração fiscal tem entendido que a indemnização acordada, referente ao dano representado pelos lucros cessantes, quando

118 *Código das Expropriações – art. 37.º*

avaliado pelo preço dos bens ou dos serviços não prestados, está sujeita a Imposto Sobre o Valor Acrescentado, no caso de se verificar o requisito subjectivo da respectiva incidência, com o argumento de que, por não ser fixada judicialmente, se encontra fora da isenção estabelecida na alínea *b)* do n.º 6 do artigo 16.º do Código daquela tributação.

Todavia, na expropriação por utilidade pública, a indemnização baseia-se em responsabilidade extracontratual por facto lícito. Não assentando em qualquer prestação de serviços ou venda de bens, não tem intuito remuneratório, mas apenas ressarcitório, parecendo não se verificar o requisito objectivo da incidência do imposto.

7. Os ganhos da indemnização recebida são tributáveis cedularmente em mais-valia no âmbito do Imposto sobre o Rendimento das Pessoas Colectivas (Código do IRC, artigo 42.º, n.º 3, alínea *b)*) ou das Pessoas Singulares (Código do IRS, artigo 42.º, n.º 1, alínea *b)*) ([1]).

ARTIGO 37.º
Conteúdo da escritura ou do auto

1 – O auto ou a escritura serão lavrados dentro dos oito dias subsequentes àquele em que o acordo estabelecido for comunicado pela entidade expropriante ao notário, oficial público ou funcionário designado nos termos da alínea *b)* **do n.º 1 do artigo anterior, em conformidade com o disposto no Código do Notariado**

2 – Do auto ou escrita deverão ainda constar:

a) **A indemnização acordada e a forma de pagamento;**

b) **A data e o número do** *Diário da República* **em que foi publicada a declaração de utilidade pública de expropriação;**

c) **O extracto da planta parcelar.**

3 – A indemnização acordada pode ser atribuída a cada um dos interessados ou fixada globalmente.

4 – Não havendo acordo entre os interessados sobre a partilha da indemnização global que tiver sido acordada, é esta entregue àquele que por todos for designado ou consignada em depósito

---

([1]) Ver, porém, o artigo 5.º do Decreto-Lei n.º 442-A/88, de 30 de Novembro, que aprovou o Código do IRS.

Código das Expropriações – art. 38.º 119

no lugar do domicílio da entidade expropriante, à ordem do juiz de direito da comarca do lugar da situação dos bens ou da maior extensão deles, efectuando-se a partilha nos termos do Código de Processo Civil.

5 – Salvo no caso de dolo ou culpa grave por parte da entidade expropriante, o aparecimento de interessados desconhecidos à data da celebração da escritura ou do auto apenas dá lugar à reconstituição da situação que existiria se tivessesm participado no acordo nos termos em que foi concluído.

6 – A entidade expropriante deve facultar ao expropriado e aos demais interessados cópia autenticada do auto ou da escritura de expropriação amigável, quando solicitada.

NOTAS:

1. A indemnização poderá ser entregue ou depositada até ao momento da escritura ou do auto ou subsequentemente, conforme for acordado, observando-se os termos previstos nos n.ᵒˢ 2 e 3.

2. O n.º 5 explica-se pelo princípio da legitimidade aparente, que aflora, também, no n.º 3 do artigo 9.º e no n.º 2 do artigo 40.º (v. notas 3 e 4 ao artigo 9.º).

3. Relativamente ao n.º 6, ver n.ᵒˢ 2 e 3 do artigo 73.º.

CAPÍTULO II
Expropriação litigiosa

SECÇÃO I
Disposições introdutórias

ARTIGO 38.º
Arbitragem

1 – Na falta de acordo sobre o valor da indemnizaçãᵒ, é este fixado por arbitragem, com recurso para os tribunais comuns.

2 – O valor do processo, para efeitos de admissibi'idade de

120 Código das Expropriações – art. 38.º (2)

recurso, nos termos do Código de Processo Civil, corresponde ao maior dos seguintes:

a) Decréscimo da indemnização pedida no recurso da entidade expropriante ou acréscimo global das indemnizações pedidas nos recursos do expropriado e dos demais interessados, a que se refere o número seguinte;

b) Diferença entre os valores de indemnização constantes do recurso da entidade expropriante e o valor global das indemnizações pedidas pelo expropriado e pelos demais interessados nos respectivos recursos, a que se refere o número seguinte.

3 – Da decisão arbitral cabe sempre recurso com efeito meramente devolutivo para o tribunal do lugar da situação dos bens ou da sua maior extensão.

NOTAS:

1. Em processo litigioso a indemnização é fixada, em primeira instância, por um tribunal arbitral necessário. Do acórdão que este proferir cabe sempre recurso para o tribunal da comarca do lugar da situação do bem expropriado ou da sua maior extensão. Da sentença do juiz que decide o recurso da arbitragem pode recorrer-se para o tribunal da Relação do respectivo distrito judicial quando o valor do processo excede a alçada do tribunal de comarca e a decisão é desfavorável para o recorrente em valor superior a 375 contos.

Do acórdão da Relação que fixa o valor da justa indemnização não cabe recurso para o Supremo Tribunal de Justiça, salvo nos casos em que é sempre admissível recurso para aquele tribunal (artigo 66.º, n.º 5).

O n.º 2 fixa o valor do processo de expropriação litigiosa, para efeitos de admissibilidade do recurso. Dele decorre, também, que o recorrente tem de quantificar o montante da indemnização que pretende que seja fixada pelo tribunal a que se dirige.

2. Dispõe o artigo 678.º do Código de Processo Civil:

Artigo 678.º

(Decisões que admitem recurso)

1 – Só é admissível recurso ordinário nas causas de valor superior à alçada do tribunal de que se recorrer desde que as

Código das Expropriações – art. 38.º (3) 121

decisões impugnadas sejam desfavoráveis para o recorrente em valor também superior a metade da alçada desse tribunal; em caso, porém, de fundada dúvida àcerca do valor da sucumbência, atender-se-á somente ao valor da causa.

2 – Mas se tiver por fundamento a violação das regras de competência internacional, em razão da matéria ou da hierarquia ou a ofensa de caso julgado, o recurso é sempre admissível, seja qual for o valor da causa.

3 – Também admitem sempre recurso as decisões respeitantes ao valor da causa, dos incidentes ou dos procedimentos cautelares, com o fundamento de que o seu valor excede a alçada do tribunal de que se recorre.

4 – É sempre admissível recurso, a processar nos termos dos artigos 732.º-A e 732.º-B, do acórdão da Relação que esteja em contradição com outro, dessa ou de diferente Relação, sobre a mesma questão fundamental de direito e do qual não caiba recurso ordinário, por motivo estranho à alçada do tribunal, salvo se a orientação nele perfilhada estiver de acordo com a jurisprudência já anteriormente fixada pelo Supremo Tribunal de Justiça.

5 – Independentemente do valor da causa e da sucumbência, é sempre admitido recurso para a Relação nas acções em que se aprecie a validade ou a subsistência de contratos de arrendamento para a habitação.

6 – É sempre admissível recursos das decisões proferidas contra jurisprudência uniformizada pelo Supremo Tribunal de Justiça.

3. A alçada do tribunal de comarca está fixada em 750 contos e a da Relação em 3.000 contos.

4. O tribunal arbitral não tem alçada. Daí a regra do n.º 3.

5. O carácter meramente devolutivo do recurso da decisão do tribunal arbitral explica o disposto nos n.ºˢ 3 e seguintes do artigo 52.º, que regulam a execução provisória do acórdão dos árbitros.

6. Quanto ao valor tributável em imposto de justiça, v. artigo 6.º, n.º 1, alínea *s)*, do Código das Custas Judiciais. No recurso para o

122 Código das Expropriações – art. 39.º

tribunal de comarca, a taxa de justiça é reduzida a metade (Código das Custas Judiciais, artigo 14.º, alínea *j*)).

7. De acordo com os n.ᵒˢ 2 e 3 do artigo 29.º do Código das Custas Judiciais, não há lugar ao pagamento de taxa de justiça, inicial e subsequente, "nas expropriações". Referindo-se a lei, genericamente, a expropriações (e não ao recurso da decisão arbitral), parece que a dispensa de pagamento antecipado abrange tanto o processo de fixação da indemnização como os que dele são dependência (v. artigo 43.º, n.º 2).

ARTIGO 39.º

Autuação

1 – É aberto um processo de expropriação com referência a cada um dos imóveis abrangidos pela declaração de utilidade pública.

2 – Quando dois ou mais imóveis tenham pertencido ao mesmo proprietário ou conjunto de comproprietários é obrigatória a apensação dos processos em que não se verifique acordo sobre os montantes das indemnizações.

NOTAS:

1. Ao substituir a referência a *parcelas*, constante do artigo 38.º do Código revogado, correspondente ao preceito em anotação, por *imóveis*, o legislador impõe a abertura de um único processo de expropriação litigiosa, abrangendo todas as parcelas a desanexar de um só prédio base, impedindo o seu desdobramento em parcelas contíguas, que conduzia à multiplicação de processos, actos e deligências, encarecendo o custo da determinação da indemnização, atrasando o respectivo pagamento e propiciando decisões substancialmente divergentes.

2. A aplicação do presente artigo conduz, ainda, a que *os mesmos árbitros e peritos* avaliem:
   a) Todas as parcelas delimitadas num único prédio base;
   b) Todas as parcelas delimitadas em dois ou mais prédios base, quando estes tenham pertencido a um só proprietário ou a um só grupo de comproprietários.

Código das Expropriações – arts. 40.º e 41.º 123

ARTIGO 40.º

Legitimidade

1 – Têm legitimidade para intervir no processo a entidade expropriante, o expropriado e os demais interessados.

2 – A intervenção de qualquer interessado na pendência do processo não implica a repetição de quaisquer termos ou deligências.

NOTAS:

1. V. notas ao artigo 9.º.

2. No processo de expropriação litigiosa não existem autor nem réu, da mesma forma que não há lugar a petição ou requerimento nem a contestação ou resposta, o que conduz à inaplicabilidade do n.º 3 do artigo 26.º do Código do Processo Civil. Daí que a legitimidade relevante para efeitos do artigo 40.º tenha natureza substantiva.

3. "A legitimidade, como pressuposto processual, é de conhecimento oficioso. Se de tal excepção não se conheceu na 1.ª instância é lícito ao Tribunal da Relação dela conhecer" (Acórdão do Supremo Tribunal de Justiça, de 25 de Março de 1995, no processo 87 030).

ARTIGO 41.º

Suspensão da instância e nomeação de curador provisório

1 – O falecimento, na pendência do processo, de algum interessado só implica a suspensão da instância depois de notificada à entidade expropriante a adjudicação da propriedade e posse, esta no caso de não ter havido investidura administrativa.

2 – Havendo interessados incapazes, ausentes ou desconhecidos, sem que esteja organizada a respectiva representação, o juiz, oficiosamente ou a requerimento do Ministério Público ou de qualquer interessado, nomeia-lhes curador provisório, que será, quanto aos incapazes, na falta de razões ponderosas em contrário, a pessoa a cuja guarda estiverem entregues.

3 – No caso de o processo de expropriação ainda não se encontrar em juízo, o juiz determina a sua remessa imediata, para os efeitos do número anterior, pelo período indispensável à decisão do incidente.

124 *Código das Expropriações – art. 42.º*

4 – A intervenção do curador provisório cessa logo que se encontre designado o normal representante do incapaz ou do ausente ou passem a ser conhecidos os interessados cuja ausência justificara a curadoria.

NOTAS:

1. Em termos gerais, o falecimento ou a extinção de uma das partes é causa de suspensão da instância, a menos que a lide se torne impossível ou inútil (Código do Processo Civil, artigo 276.º, n.ºs 1, alínea *a)*, e 3).

2. A instância extingue-se se o Estado, sendo expropriante, for chamado a suceder no crédito indemnizatório, nos termos da alínea *e)* do n.º 1 do artigo 2133.º do Código Civil, e não houver outros interessados na indemnização.

3. A suspensão da instância termina com a habilitação dos sucessores do falecido, nos termos regulados nos artigos 371.º e seguintes do Código do Processo Civil.

4. O curador provisório intervém no processo ainda antes da fase litigiosa (artigo 21.º, n.ºs 1 e 3).

Logo que se torne necessária essa intervenção, deverá a entidade expropriante, no caso de a nomeação do curador não ter sido promovida anteriormente por qualquer interessado na mesma ou pelo Ministério Público, nem ter sido efectuada oficiosamente pelo tribunal, requerê-la ao juiz competente para conhecer do recurso da arbitragem, aplicando-se o disposto no artigo 11.º do Código de Processo Civil, com as necessárias adaptações.

ARTIGO 42.º

Promoção da arbitragem

1 – Compete à entidade expropriante, ainda que seja de direito privado, promover, perante si, a constituição e o funcionamento da arbitragem.

2 – As funções da entidade expropriante referidas no número anterior passam a caber ao juiz de direito da comarca do local da

Código das Expropriações – art. 42.º (2) 125

situação do bem ou da sua maior extensão em qualquer dos seguintes casos:

a) Se for julgada procedentemente a reclamação referida no n.º 1 do artigo 54.º;

b) Se o procedimento de expropriação sofrer atrasos não imputáveis ao expropriado ou aos demais interessados que, no seu conjunto, ultrapassem 90 dias, contados nos termos do artigo 279.º do Código Civil;

c) Se a lei conferir ao interessado o direito de requerer a expropriação de bens próprios;

d) Se a declaração de utilidade pública for renovada;

e) Nos casos previstos nos artigos 15.º e 16.º;

f) Os casos previstos nos artigos 92.º, 93.º e 94.º.

3 – O disposto nas alíneas b), c), d) e e) do número anterior depende de requerimento do interessado, decidindo o juiz depois de notificada a parte contrária para se pronunciar no prazo de 10 dias.

4 – Se for ordenada a remessa ou a avocação do processo, o juiz fixa prazo para a sua efectivação, não superior a 30 dias, sob pena de multa até 10 unidades de conta, verificando-se atraso não justificado.

NOTAS:

1. O impulso processual *na fase de expropriação litigiosa* cabe à entidade expropriante, em princípio, ou ao tribunal, nos casos previstos no n.º 2.

Na fase anterior, procedimental, a condução do processo cabe *sempre* à entidade expropriante.

2. Dispõe o artigo 279.º do Código Civil:

Artigo 279.º

Cômputo do termo

À *fixação do termo são aplicáveis, em caso de dúvida, as seguintes regras:*

a) *Se o termo se referir ao princípio, meio ou fim do mês, entende-se como tal, respectivamente, o primeiro dia, o*

Código das Expropriações – art. 43.º

dia 15 e o último dia do mês; se for fixado no princípio, meio ou fim do ano, entende-se, respectivamente, o primeiro dia do ano, o dia 30 de Junho e o dia 31 de Dezembro;

b) Na contagem de qualquer prazo não se inclui o dia, nem a hora, se o prazo for de horas, em que ocorrer o evento a partir do qual o prazo começa a correr;

c) O prazo fixado em semanas, meses ou anos, a contar de certa data, termina às 24 horas do dia que corresponda, dentro da última semana, mês ou ano, a essa data; mas, se no último mês não existir dia correspondente, o prazo finda no último dia desse mês;

d) É havido, respectivamente, como prazo de uma ou duas semanas o designado por oito ou quinze dias, sendo havido como prazo de um ou dois dias o designado por 24 ou 48 horas;

e) O prazo que termine em domingo ou dia feriado transfere-se para o primeiro dia útil; aos domingos e dias feriados são equiparadas as férias judiciais se o acto sujeito a prazo tiver de ser praticado em juízo.

3. O requerimento a que se refere o n.º 3 é apresentado nos termos do n.º 1 do artigo 43.º.

ARTIGO 43.º

Petições a apresentar no tribunal

1 – As petições a que se referem o n.º 2 do artigo 41.º, o n.º 3 do artigo anterior, o n.º 2 do artigo 51.º e a parte final do n.º 2 do artigo 54.º são apresentadas directamente na secretaria do tribunal competente para o processo de expropriação litigiosa.

2 – Os processos originados pelas petições referidas no número anterior são dependência do processo de expropriação; o juiz a quem este for distribuído determinará que aqueles processos lhe sejam remetidos, ficando com competência exclusiva para os respectivos termos subsequentes à remessa.

3 – Os processos recebidos nos termos da parte final do número anterior são apensados ao processo de expropriação.

Código das Expropriações – arts. 44.º e 45.º

NOTAS:

1. Na vigência do Código revogado suscitaram-se dúvidas sobre a autuação dos requerimentos interpostos em juízo em que se solicitava a avocação dos processos de expropriação, em particular quando fundamentados em atrasos na remessa para o tribunal. Essas dúvidas são afastadas pelo presente artigo, ao determinar que as petições apresentadas ao abrigo do disposto das normas citadas no n.º 1 dão origem a processos (especiais) que constituem dependência do futuro processo de expropriação.

2. Os processos a que se refere o presente artigo não têm carácter urgente (artigo 44.º).

ARTIGO 44.º

Natureza dos processos litigiosos

Os processos de expropriação litigiosa, bem como os que deles são dependentes, não têm carácter urgente, sem prejuízo de os actos relativos à adjudicação da propriedade e da posse e sua notificação aos interessados deverem ser praticados mesmo durante as férias judiciais.

NOTA:

No domínio da vigência do Código revogado foi constante a confusão entre o carácter urgente da expropriação e a urgência do processo de fixação da indemnização por via jurisdicional (expropriação litigiosa), sendo frequente a realização de diligências instrutórias durante as férias judiciais.

O artigo 44.º resolve a questão, sendo aplicável, porém, a todos os processos de expropriação litigiosa, com ou sem carácter urgente, bem como àqueles que são sua dependência (v. artigo anterior).

ARTIGO 45.º

Designação dos árbitros

1 – Na arbitragem intervêm três árbitros designados pelo presidente do tribunal da Relação da situação dos prédios ou da sua maior extensão.

128 *Código das Expropriações – arts. 45.º e 46.º*

2 – Os árbitros são escolhidos de entre os peritos da lista oficial, devendo o presidente do tribunal da Relação indicar logo o que presidirá.

3 – Para o efeito do disposto nos números precedentes, a entidade expropriante solicita a designação dos árbitros directamente ao presidente do tribunal da Relação.

4 – O despacho de designação dos árbitros é proferido no prazo de cinco dias.

ARTIGO 46.º

Designação de grupos de árbitros

1 – Pode ser designado mais de um grupo de árbitros sempre que, em virtude da extensão e do número de bens a expropriar, um único grupo de árbitros se mostre manifestamente insuficiente para assegurar o normal andamento de todos os processos.

2 – A decisão prevista no número anterior é da competência do presidente do tribunal da Relação da situação dos bens a expropriar ou da sua maior extensão, mediante proposta fundamentada da entidade expropriante.

3 – Se os peritos da lista oficial forem insuficientes para a constituição do conveniente número de grupos de árbitros, recorre-se a peritos incluídos nas listas de outros distritos, com preferência, quando possível, para os da lista dos distritos contíguos.

4 – A distribuição dos processos pelos grupos de árbitros consta do despacho de designação e respeita a sequência geográfica das parcelas, que a entidade expropriante deve indicar no seu pedido, sem prejuízo do disposto no n.º 2 do artigo 39.º, com as necessárias adaptações.

NOTAS AOS ARTIGOS 45.º E 46.º:

1. V. artigo 89.º.

2. O tribunal da Relação cujo presidente é competente para designar os membros do tribunal arbitral necessário, em processo de expropriação, é o do distrito judicial em que se localiza o prédio ou a maior extensão do prédio, abrangido pela declaração de utilidade pública ([1]).

([1]) V. contudo, na expropriação de bens imóveis materiais, artigo 91.º, n.º 2.

Código das Expropriações – art. 47.º

3. A suspeição, o impedimento, a renúncia, a substituição dos árbitros e a demais matéria relativa à arbitragem, não regulada no presente Código, regem-se pelo disposto nos artigos 1525.º e seguintes do Código de Processo Civil e, por remissão do artigo 1528.º, devidamente adaptado, pela Lei n.º 31/86, de 29 de Agosto, sobre arbitragem voluntária.

4. A designação dos árbitros pelo presidente do tribunal da Relação não é impugnável (Lei n.º 31/86, artigo 12.º, n.º 3, aplicável nos termos indicados).

ARTIGO 47.º

Notificação da designação dos árbitros

1 – No prazo de 10 dias a contar da sua recepção, a entidade expropriante notifica na íntegra a comunicação da designação dos árbitros:

> *a)* **Por carta ou ofício registado, com aviso de recepção, dirigido aos interessados de que se conheça a respectiva residência e ao curador provisório;**
>
> *b)* **Por edital, com dilação de oito dias, a fixar na entrada principal do edifício da câmara municipal do concelho onde se situam os prédios ou a sua maior extensão, relativamente aos interessados não abrangidos pela alínea anterior e àqueles que não for possível notificar nos termos nela prescritos;**
>
> *c)* **Aos árbitros, devendo a comunicação dirigida ao respectivo presidente ser acompanhada do processo de expropriação ou de cópia deste e, sempre que possível, de indicação da descrição predial e da descrição matricial do prédio.**

2 – Na notificação e nos editais a que se refere o número anterior dá-se conhecimento ao expropriado e aos demais interessados da faculdade de apresentação de quesitos nos termos do artigo seguinte.

NOTAS:

1. É problemática a eficácia da notificação nos termos regulados na alínea *b)*, sendo certo que esta tanto se refere aos interessados sem

130 *Código das Expropriações – arts. 48.º e 49.º*

morada conhecida como àqueles que, só por estarem episodicamente ausentes, não foram notificados por via postal.

2. No caso da alínea *b)*, a notificação considera-se feita no nono dia a contar da data da afixação do edital, a indicar neste.

ARTIGO 48.º

Apresentação de quesitos

No prazo de 15 dias a contar da notificação podem as partes apresentar ao árbitro presidente, em quadruplicado, os quesitos que entendam pertinentes para a fixação do valor dos bens objecto da expropriação.

NOTA:

Três exemplares dos quesitos destinam-se aos árbitros, sendo o quarto para instrução do processo.

ARTIGO 49.º

Decisão arbitral

1 – O acórdão dos árbitros é proferido em conferência, servindo de relator o presidente.

2 – O acórdão, devidamente fundamentado, é tomado por maioria; não se obtendo uma decisão arbitral por unanimidade ou maioria, vale como tal a média aritmética dos laudos que mais se aproximarem ou o laudo intermédio, se as diferenças entre ele e cada um dos restantes forem iguais.

3 – Os laudos são juntos ao acórdão dos árbitros, devem ser devidamente justificados e conter as respostas aos quesitos com indicação precisa das que serviram de base ao cálculo da indemnização proposta, bem como a justificação dos critérios de cálculo adoptados e a sua conformidade com o disposto no n.º 4 do artigo 23.º.

4 – A decisão dos árbitros é entregue à entidade expropriante no prazo máximo de 30 dias a contar da recepção da comunicação

Código das Expropriações – art. 49.º 131

a que se refere a alínea *c)* do n.º 1 do artigo 47.º ou da apresentação dos quesitos.

5 – Em casos devidamente justificados, designadamente em razão do número de arbitragens, o prazo a que se refere o número anterior pode ser prorrogado até 60 dias, a requerimento de qualquer dos árbitros, dirigido à entidade expropriante.

6 – É aplicável o disposto no n.º 3 do artigo 21.º.

NOTAS:

1. A decisão dos árbitros, devidamente fundamentada, de facto e de direito, eventualmente por remissão para os laudos, deve conter também:

a) A identificação do expropriante e dos interessados;

b) A referência ao despacho de designação;

c) A identificação do bem avaliado;

d) A identificação dos árbitros;

e) O lugar da arbitragem e o local e a data em que a decisão foi proferida;

f) A assinatura dos árbitros ou a indicação de que não puderam ou não quiseram assinar;

g) Os laudos (em anexo).

2. "A arbitragem funciona como um tribunal arbitral necessário, tal como está previsto no artigo 1525.º e seguintes do Código de Processo Civil, e os árbitros estão revestidos de uma função decisória, como claramente resulta dos artigos 68.º e 72.º do Código das Expropriações, onde se faz referência à decisão dos árbitros e ao recurso do resultado da arbitragem (...).

"A decisão arbitral é, portanto, um verdadeiro julgamento, integrando o primeiro dos (...) graus de jurisdição do sistema geral dos recursos" (Acórdão do Supremo Tribunal de Justiça, de 9 de Maio de 1990, Proc. 78.606).

3. Sobre a parte final do n.º 3, v. nota 10 ao artigo 23.º.

4. O n.º 3 do artigo 21.º, para que remete o n.º 6 do artigo, autoriza os interessados, o curador provisório e a entidade expropriante a assistirem à vistoria, devendo, por conseguinte, ser dela notificados

132   *Código das Expropriações – art. 50.º*

pelo tribunal arbitral através da entidade expropriante. A remissão não contempla a faculdade de apresentar quesitos na diligência, embora esteja prevista no n.º 3 do artigo 21.º, visto deverem ser apresentados dentro do prazo fixado no artigo 48.º.

ARTIGO 50.º
Honorários

1 – Os honorários dos árbitros são pagos pela entidade expropriante, mediante apresentação de factura devidamente justificada e de acordo com o Código das Custas Judiciais.

2 – As despesas efectuadas pelos árbitros são pagas mediante entrega dos respectivos comprovativos.

3 – A entidade expropriante está dispensada do pagamento de honorários aos árbitros que, salvo motivo justificativo, não entreguem o acórdão nos prazos legais.

NOTAS:

1. O disposto no n.º 1 do presente artigo deve ser conjugado com a alínea *g)* do n.º 1 e os n.ºˢ 3 e 4 do artigo 3.º, com a alínea *b)* do n.º 1 e o n.º 2 do artigo 34.º e o artigo 36.º, todos do Código das Custas Judiciais, por força da remissão da parte final do inciso.

Artigo 3.º

(Isenções objectivas)

1 – Sem prejuízo do disposto em lei especial, não há lugar a custas:

....

g) Na fase arbitral dos processos de expropriação por utilidade pública, sem prejuízo do disposto no n.º 3;

....

3 – Nos casos referidos na alínea g) do número anterior, os encargos com a remuneração e transporte dos árbitros e com a deslocação do tribunal são suportadas pelo expropriante, ainda que se trate de entidade isenta de custas.

Código das Expropriações – art. 50.º (2) 133

4 – Quando o expropriado vencido no recurso seja isento de custas, suportará o expropriante, ainda que goze daquela isenção, os respectivos encargos.

....

Artigo 34.º
(Remuneração dos intervenientes acidentais)

1 – As entidades que intervenham acidentalmente nos processos ou que coadjuvem em quaisquer diligências, salvo os técnicos que assistam os advogados, têm direito a remuneração nos termos das alíneas seguintes:

....

b) Os peritos (...) com conhecimentos especiais percebem entre um terço de UC e 2 UC por diligência;

....

2 – Nos casos referidos nas alíneas a) e b), se a diligência implicar mais de um dia de trabalho, o tribunal fixará os dias a pagar de acordo com a informação prestada por quem a realizar, reduzindo-os se lhe parecer que podia ter sido realizada em menos tempo ou aumentando-os quando a dificuldade, relevo ou qualidade do serviço o justifiquem.

Artigo 36.º
(Despesas com transportes de intervenientes acidentais)

Não sendo disponibilizado transporte pelas partes ou pelo tribunal, são pagas aos intervenientes acidentais que o exijam até ao encerramento da audiência, as despesas de deslocação, em transporte colectivo público, ou, quando este não seja viável, o custo dos quilómetros percorridos, ao preço unitário de 1/400 avos de 1 UC.

2. As despesas de deslocação envolvem, além do transporte, o alojamento e a alimentação.

3. Se houver divergência insanável entre a entidade expropriante e os árbitros sobre a existência de motivo justificativo do não cumprimento do prazo de entrega do acórdão (v. artigo 49.º, n.º 4) terá de ser resolvida por via judicial, nos termos gerais.

ARTIGO 51.º

Remessa do processo

1 – A entidade expropriante remete o processo de expropriação ao tribunal da comarca da situação do bem expropriado ou da sua maior extensão no prazo de 30 dias, a contar do recebimento da decisão arbitral, acompanhado de certidões actualizadas das descrições e das inscrições em vigor dos prédios na conservatória do registo predial competente e das respectivas inscrições matriciais, ou de que os mesmos estão omissos, bem como da guia de depósito à ordem do tribunal do montante arbitrado ou, se for o caso, da parte em que este exceda a quantia depositada nos termos da alínea *b)* do n.º 1 ou do n.º 5 do artigo 20.º; se não for o respeitado o prazo fixado, a entidade expropriante deposita, também, juros moratórios correspondentes ao período de atraso, calculados nos termos do disposto nos artigos 71.º e 72.º.

2 – Se o processo não for remetido a juízo no prazo referido, o tribunal determina, a requerimento de qualquer interessado, a notificação da entidade expropriante para que o envie no prazo de 10 dias, acompanhado da guia de depósito, sob cominação de o mesmo ser avocado.

3 – Decorrendo o processo perante o juiz, nos termos previstos nos presente Código, este, após entrega do relatório dos árbitros, notifica a entidade expropriante para proceder ao depósito da indemnização no prazo de 30 dias; não sendo efectuado o depósito no prazo fixado, determina-se o cumprimento do disposto na parte final do n.º 1 anterior, com as necessárias adaptações.

4 – Se os depósitos a que se referem os números anteriores não forem efectuados nos prazos previstos, é aplicável o disposto no n.º 4 do artigo 71.º.

5 – Depois de devidamente instruído o processo e de efectuado o depósito nos termos dos números anteriores, o juiz, no prazo de 10 dias, adjudica à entidade expropriante a propriedade e posse, salvo, quanto a esta, se já houver posse administrativa, e ordena simultaneamente a notificação do seu despacho, da decisão arbitral e de todos os elementos apresentados pelos árbitros, à entidade expropriante e aos expropriados e demais interessados, com indicação, quanto a estes, do montante depositado e da faculdade de interposição de recurso a que se refere o artigo 52.º.

Código das Expropriações – art. 51.º (2) 135

6 – A adjudicação da propriedade é comunicada pelo tribunal ao conservador do registo predial competente para efeitos de registo oficioso.

NOTAS:

1. O prazo de remessa do processo para o tribunal conta-se nos termos do artigo 98.º, n.º 2.

2. Se houver atraso na remessa, há lugar ao depósito de juros moratórios, calculados com base no período da mora no cumprimento da obrigação de remessa, à taxa fixada nos termos do artigo 559.º do Código Civil, sobre o montante do depósito a que se refere o n.º 1, devendo a entidade expropriante juntar nota discriminada do cálculo dos juros, a qual pode ser impugnada pelo expropriado ou pelos demais interessados, seguindo-se os termos previstos no artigo 72.º.

Sobre as diversas taxas de juro que foram sendo fixadas ao abrigo do artigo 559.º do Código Civil, v. nota 2 ao artigo 70.º.

3. O requerimento a que se refere o n.º 2 é autuado nos termos do artigo 43.º.

4. Na falta de depósito da indemnização dentro dos prazos previstos, respondem pela sua realização as cauções prestadas. Na falta de caução, ou sendo esta insuficiente, o juiz deve determinar discricionariamente as providências necessárias à realização do depósito e, no caso de ainda se mostrar em falta alguma quantia, a notificação do serviço que tiver a seu cargo os avales do Estado ([1]) para que efectue o depósito da mesma em substituição da entidade expropriante, em cumprimento do disposto no n.º 6 do artigo 23.º.

5. "O acto de transferência da propriedade e da posse (se esta não tiver sido feita administrativamente), embora da competência do juiz do tribunal comum, não é um acto judicial, sob o ponto de vista material, pela simples razão de que aquele não tem qualquer poder de julgamento ou de apreciação da legalidade ou ilegalidade da expro-

---

([1]) Direcção Geral do Tesouro (Direcção de Regularização de Responsabilidades).

136 *Código das Expropriações – art. 52.º*

priação, nem muito menos da sua conveniência ou oportunidade. O juiz realiza apenas um "acto de controle preventivo" (...), de âmbito limitado, verificando tão-só a regularidade formal dos actos do procedimento expropriatório" ([1]).

6. "Ao ordenar, sem mais, no artigo 70.º do Código das Expropriações, que o expropriante remeta o processo ao tribunal competente, no prazo de quinze dias a contar da obtenção do resultado da arbitragem, isto é, sem se acrescentar que, com o envio do processo, terá aquele de apresentar petição inicial com o pedido – o da adjudicação da propriedade e posse dos prédios –, deve o intérprete presumir que o legislador soube exprimir o seu pensamento em termos adequados, dispensando a apresentação de petição, bastando que o processo seja acompanhado de simples ofício.

"Nos termos dos artigos 60.º e 71.º do referido Código de Expropriações, não tem o tribunal de se preocupar com que se passa no processo instruído pelo expropriante, a menos que alguma irregularidade na constituição ou no funcionamento da arbitragem tenha sido detectada pelo expropriado e devidamente arguida perante o juiz".

"O processo de expropriação pode ser enviado a tribunal acompanhado de ofício assinado por solicitador, pois este ou a parte podem mesmo fazer requerimentos onde se não levantem questões de direito" (Acórdão do Supremo Tribunal de Justiça, de 20 de Novembro de 1986, *in Boletim do Ministério da Justiça*, n.º 258, pág. 185).

ARTIGO 52.º

Recurso

1 – O recurso da decisão arbitral deve ser interposto no prazo de 20 dias a contar da notificação realizada nos termos da parte final do n.º 5 do artigo anterior, sem prejuízo do disposto no Código de Processo Civil sobre interposição de recursos subordinados, salvo quanto ao prazo, que será de 20 dias.

2 – Quando não haja recurso, o juiz observa, no que respeita à atribuição de indemnização aos interessados, o disposto nos n.os 3 e 4 do artigo 37.º, com as necessárias adaptações.

([1]) FERNANDO ALVES CORREIA, *As Garantias do Particular*, cit., págs. 114 e 194 e segs.

Código das Expropriações – art. 52.º (2)

3 – Se houver recurso, o juiz atribui imediatamente aos interessados, nos termos do número anterior, o montante sobre o qual se verifique acordo, retendo, porém, se necessário, a quantia provável das custas do processo, no caso de o expropriado ou os demais interessados decaírem no recurso.

4 – Qualquer dos titulares de direito a indemnização pode requerer, no prazo de 10 dias a contar da notificação da decisão a que se refere no número anterior, que lhe seja entregue a parte da quantia sobre a qual não se verifica acordo que lhe competir, mediante prestação de garantia bancária ou seguro-caução de igual montante.

5 – Não sendo exercido o direito a que se refere o número anterior, a entidade expropriante pode requerer a substituição por caução do depósito da parte da indemnização sobre a qual não se verifica acordo.

NOTAS:

1. Do acórdão do tribunal arbitral cabe sempre recurso para o juiz de direito do tribunal competente (artigo 38.º, n.º 3).

2. A decisão dos árbitros tem natureza jurisdicional, pelo que produz o efeito de caso julgado relativamente à parte que não recorreu. Assim, não pode esta ver melhorada a seu favor, para mais ou para menos, conforme se trate do expropriado ou do expropriante, o montante da indemnização (Acórdãos do Supremo Tribunal de Justiça, de 22 de Janeiro de 1960, e de 8 de Novembro de 1966, *in Boletim do Ministério da Justiça*, n.ᵒˢ 93, pág. 276, e no n.º 161, pág. 309, respectivamente; Acórdão do Tribunal da Relação do Porto, de 1 de Abril de 1970, *in Jurisprudência das Relações*, ano 16.º, pág. 341).

3. "O objecto do recurso interposto da decisão arbitral é definido pelas conclusões que têm de figurar logo no requerimento de interposição do recurso e não nas alegações a que se refere o artigo 82.º do Código das Expropriações, porque estas têm a natureza de alegações para julgamento".

"Por aquelas se afere o que é impugnado no recurso e o que logo transita em julgado".

"Delimitado o objecto do recurso no requerimento de interposição, por força do artigo 73.º, n.º 1, do Código das Expropriações, não

138 *Código das Expropriações – art. 53.º*

pode o tribunal incumbir os peritos – estes com função de meio probatório – de proceder a avaliação de um imóvel de habitação cuja valor atribuído na decisão arbitral não foi impugnado e, por isso, tinha transitado" (Acórdão do Supremo Tribunal de Justiça, de 9 de Maio de 1990, Proc. 78 606).

4. Para aplicação do disposto no n.º 2 o tribunal deve ouvir os interessados sobre a forma de efectuar o pagamento da indemnização.

5. O n.º 4 é simples decorrência do efeito meramente devolutivo do recurso do acórdão arbitral e de o incidente de depósito ser o meio executivo utilizável em processo de expropriação litigiosa.

6. O disposto no n.º 5 é também aplicável ao Estado, quando tiver sido chamado a efectuar o depósito, cabendo ao Ministério Público formular o necessário requerimento.

7. Decorre do n.º 2 do artigo 38.º que o recorrente tem de quantificar o montante da indemnização que pretende seja fixada pelo tribunal judicial a que se dirige.

ARTIGO 53.º

Dúvidas sobre a titularidade de direitos

1 – Se o recebimento do depósito, nos termos do artigo precedente, depender da decisão de questão prévia ou prejudicial respeitante à titularidade da indemnização, é esta decidida provisoriamente no processo, precedendo produção da prova que o juiz tiver por necessária.

2 – O incidente a que se refere o número anterior é autuado por apenso, devendo ser decidido no prazo de 30 dias.

3 – Enquanto não estiver definitivamente resolvida a questão da titularidade do crédito indemnizatório, não se procede a nenhum pagamento que dela dependa sem que seja prestada caução; a caução prestada garante também o recebimento da indemnização por aquele a quem, na respectiva acção, seja reconhecido definitivamente direito à mesma.

4 – Da decisão do incidente cabe recurso com efeito meramente devolutivo, que sobe imediatamente no apenso.

Código das Expropriações – art. 54.º

NOTAS:

1. O presente artigo, que é inovador, radica no princípio da legitimidade aparente (v. notas 3 e 4 ao artigo 9.º).

2. A solução parece equilibrada, salvaguardando, a um só tempo, o direito do expropriado e dos demais interessados de receberem a indemnização, *mesmo a título provisório*, tão rapidamente quanto possível, bem como o direito dos que vierem a ser declarados, em acção própria, com trânsito em julgado, titulares do direito à indemnização. (v. artigo 72.º, n.º 5, *in fine*).

SUBSECÇÃO II

Arguição de irregularidades

ARTIGO 54.º

Reclamação

1 – O expropriado, a entidade expropriante nos casos em que lhe não seja imputável ou os demais interessados podem reclamar, no prazo de 10 dias a contar do seu conhecimento, contra qualquer irregularidade cometida no procedimento administrativo, nomeadamente na convocação ou na realização da vistoria *ad perpetuam rei memoriam*, bem como na constituição ou no funcionamento da arbitragem ou nos laudos ou acórdão dos árbitros, designadamente por falta de cumprimento dos prazos fixados na lei, oferecendo logo as provas que tiverem por convenientes e que não constem já do processo.

2 – Recebida a reclamação, o perito ou o árbitro presidente, conforme for o caso, exara informação sobre a tempestividade, os fundamentos e as provas oferecidas, devendo o processo ser remetido pela entidade expropriante ao juiz de direito da comarca da situação dos bens ou da sua maior extensão no prazo de 10 dias a contar da apresentação da reclamação, sob pena de avocação imediata do procedimento pelo tribunal, mediante participação do reclamante, instruída com cópia da reclamação contendo nota de recepção com menção da respectiva data.

3 – O juiz decide com base nas provas oferecidas que entenda

140 *Código das Expropriações – art. 54.º (2)*

úteis à decisão do incidente e nos elementos fornecidos pelo procedimento, podendo solicitar esclarecimentos ou provas complementares.

4 – Sendo a reclamação julgada improcedentemente, o juiz manda devolver imediatamente o processo de expropriação à entidade expropriante.

5 – No despacho que julgar procedente a reclamação, o juiz indica os actos ou diligências que devem ser repetidos ou reformulados, sem prejuízo do disposto no n.º 2 do artigo 42.º.

6 – Da decisão cabe recurso com efeito meramente devolutivo, que sobe com o recurso da decisão final.

NOTAS:

1. À contagem do prazo de reclamação aplica-se o disposto nos n.ºs 1 ou 2 do artigo 98.º, consoante esta visar a correcção de irregularidades referentes à vistoria *"ad perpetuam rei memoriam"* ou à arbitragem.

2. O requerimento para avocação do processo é autuado nos termos do artigo 43.º.

3. "Cabe aqui, parece-nos, o regime próprio dos impedimentos e suspeições (artigos 122.º e seguintes ao Código de Processo Civil). Na verdade, o conceito de irregularidade terá de ser entendido com alguma amplitude, de modo a englobar todas aquelas situações que representem ofensas às garantias de imparcialidade da arbitragem" [1].

4. Por força da remissão da parte final do n.º 5, a condução do processo *na fase litigiosa* passa a caber ao tribunal, devendo ser-lhe remetido, para o efeito, pela entidade expropriante, logo que se frustre a expropriação amigável.

5. O recurso a que se refere o n.º 6 é de agravo.

---

[1] Mário Jorge de Lemos Pinto, *Código das Expropriações*, cit., pág. 101, em anotação ao artigo 60.º do Código de 1976.

Código das Expropriações – arts. 55.º e 56.º 141

SUBSECÇÃO III

Pedido de expropriação total

ARTIGO 55.º

Requerimento

1 – Dentro do prazo do recurso da decisão arbitral podem os interessados requerer a expropriação total, nos termos do n.º 2 do artigo 3.º.

2 – A entidade expropriante é notificada para, no prazo de 20 dias, responder ao pedido de expropriação total.

3 – O juiz profere decisão sobre o pedido de expropriação total, no prazo de 10 dias, dela cabendo recurso, com subida imediata em separado e com efeito meramente devolutivo.

4 – Decretada a expropriação total, é a entidade expropriante notificada para efectuar depósito complementar do montante indemnizatório, nos termos aplicáveis do n.º 3 do artigo 51.º.

5 – Enquanto não estiver definitivamente decidido o pedido de expropriação total, o expropriado e os demais interessados só podem receber o acréscimo de indemnização correspondente mediante prestação de garantia bancária ou seguro-caução de igual montante.

6 – Na hipótese prevista neste artigo, podem adquirir a parte do prédio que não seja necessária ao fim da expropriação as pessoas que gozem de preferência legal na respectiva alienação e os proprietários de terrenos confinantes, por esta ordem, gozando os segundos do direito de execução específica.

ARTIGO 56.º

Improcedência do pedido

1 – Quando a entidade expropriante pretender realizar obras na parte do prédio não expropriada por forma a evitar a situação prevista no n.º 2 do artigo 3.º, improcede o pedido de expropriação total.

2 – Para efeitos do disposto no número anterior, o juiz na decisão em que conhecer da improcedência do pedido, fixa prazos para o início e a conclusão das obras pela entidade expropriante.

3 – Se as obras não forem iniciadas no prazo fixado pelo juiz, a instância é renovada.

142   *Código das Expropriações – art. 57.º*

4 – Se as obras forem iniciadas, mas não estiverem concluídas no prazo fixado pelo juiz, este, ouvida a entidade expropriante, decide, de acordo com o respectivo estado de execução, se a instância é renovada.

ARTIGO 57.º

Caução

Enquanto não tiver transitado em julgado a decisão sobre o pedido de expropriação total, a entidade expropriante só pode entrar na posse da parte do bem cuja expropriação foi requerida pelo expropriado mediante prestação de caução.

NOTAS AOS ARTIGOS 55.º, 56º E 57.º:

1. O artigo 55.º apresenta grandes divergências, relativamente ao correspondente preceito do Código revogado (respectivo artigo 53.º). Assim, nomeadamente, o prazo para formular o pedido de expropriação total passa a coincidir com o do recurso da decisão arbitral, o que impôs a reformulação das regras do contraditório (n.º 2).

2. Ao decidir o pedido de expropriação total o juiz fundamenta a sua decisão nos *valores* e nos *rendimentos* das partes do prédio abrangidas e não abrangidas pela declaração de utilidade pública e da sua globalidade, calculados pelos árbitros.

No que toca à determinação dos valores e dos rendimentos das partes não abrangidas pela declaração de utilidade pública e da totalidade do prédio, a arbitragem não tem valor de decisão, configurando-se, num primeiro momento, como uma mera peritagem destinada a fixar os factos que habilitarão o juiz a decidir o pedido de expropriação total que eventualmente venha a ser deduzido ([1]).

Por isso, nada obsta a que, verificada a situação a que se refere o n.º 3 do artigo 29.º, e tendo o juiz concluído, em face das razões deduzidas pelas partes, pela necessidade de ser observado o disposto

---

([1]) Era essa, de resto, a função da avaliação prevista no n.º 3 do artigo 61.º do Código das Expropriações de 1976 que, no Código revogado, foi posta a cargo dos árbitros.

Código das Expropriações – Notas aos artigos 55.º, 56.º e 57.º (2)

no n.º 1 do mesmo preceito, ordene aos árbitros que, nessa parte, completem os seus laudos, fixando prazo para o efeito.

3. Ao decretar a expropriação total, o juiz não pode alterar os valores e os rendimentos que os árbitros atribuiram à totalidade do prédio e às partes abrangidas e não abrangidas pela declaração de utilidade pública. Daí que o montante a depositar nos termos do n.º 3 seja o que resulta da decisão arbitral.

Desta forma, a partir do momento em que o juiz decreta a expropriação total, a decisão dos árbitros passa a revestir, também nessa parte, natureza jurisdicional.

4. Na decisão em que decretar a expropriação total deve o juiz proceder à adjudicação das áreas acrescidas, seguindo-se, quanto à notificação e ao recurso do acórdão da arbitragem, nessa parte, o disposto nos n.ºˢ 5 e 6 do artigo 51.º e nos artigos 58.º e seguintes, com as necessárias adaptações.

5. O prazo para a realização do depósito previsto no n.º 4 do artigo 55.º, é o fixado no n.º 1 do artigo 51.º. Se o depósito não for realizado dentro desse prazo aplicar-se-á, com as necessárias adaptações, o disposto no n.º 4 do mesmo artigo 51.º e, directamente, o disposto nos artigos 70.º e seguintes.

6. Gozam de preferência legal, nos termos do n.º 6 do artigo 55.º, entre outros, os arrendatários de prédios urbanos há mais de um ano (Regime de Arrendamento Urbano, artigo 47.º), os arrendatários rurais com contrato em vigor há mais de três anos (Decreto-Lei n.º 385/88, de 25 de Outubro, artigo 28.º), os arrendatários florestais (Decreto-Lei n.º 394/88, de 8 de Novembro, artigo 24.º), os proprietários de prédios confinantes de área inferior à unidade de cultura e os proprietários de prédios encravados, relativamente à alienação dos prédios dominantes (Código Civil, artigos 1380.º e 1555.º).

7. A perda e a aquisição da propriedade da parte ou das partes do prédio não abrangidas pela declaração e de utilidade pública, mas objecto do pedido de expropriação total, decorrem da decisão do tribunal (adjudicação).

A situação não se configura como um caso de verdadeira expropriação.

144   *Código das Expropriações – art. 58.º*

Do lado do proprietário, não decorre de uma livre vontade de alienar, mas do exclusivo propósito de evitar um prejuízo maior, em consequência do fraccionamento do imóvel. E não é, também, um acto livre da parte do expropriante, para quem a aquisição da fracção não abrangida pela declaração de utilidade pública, antes constitui um *ónus* para adquirir a parte do imóvel efectivamente necessária ao fim de utilidade pública que motivou a expropriação, ao qual só pode subtrair-se através da execução tempestiva de obras destinadas a impedir as situações descritas nos n.ᵒˢ 2 e 3 do artigo 3.º.

Trata-se, antes, de uma venda forçada que se concretiza nos termos previstos para a expropriação, em cujo processo litigioso é requerida.

A fracção do prédio objecto da venda forçada não fica, por isso, afecta ao fim da expropriação, indicado na declaração de utilidade pública, o que justifica que o expropriado possa requerer a reversão de todo o imóvel se, em relação à parte abrangida pela declaração de utilidade pública, vier a ocorrer motivo de retrocessão (artigo 74.º, n.º 3).

8. "No domínio do Código das Expropriações posto em vigor pelo Decreto-Lei n.º 845/76, de 11 de Dezembro, não é admissível recurso para o Supremo Tribunal de Justiça do acórdão da Relação que, revogando despacho da 1.ª instância, julgou extemporâneo o pedido de expropriação total formulado pelos expropriados" (Acórdão do Supremo Tribunal de Justiça, de 23 de Abril de 1991, no processo 82 380).

SUBSECÇÃO IV

Recurso da arbitragem

ARTIGO 58.º

Requerimento

No requerimento da interposição do recurso da decisão arbitral, o recorrente deve expor logo as razões da discordância, oferecer todos os documentos, requerer as demais provas, incluindo a prova testemunhal, requerer a intervenção do tribunal colectivo, designar o seu perito e dar cumprimento ao disposto no artigo 577.º do Código de Processo Civil.

Código das Expropriações – art. 58.º (2) 145

NOTAS:

1. "O âmbito do recurso da decisão arbitral é fixado pelas alegações a que se refere o artigo 73.º, n.º 1, do Decreto-Lei n.º 845/76" (Acórdão do Tribunal da Relação do Porto, de 20 de Março de 1980, *in Colectânea de Jurisprudência*, 1980, tomo II, pág. 121).

"O tribunal de recurso não tem de apreciar todas as questões decididas pelo tribunal "*a quo*", mas só aquelas que expressamente a parte submete a apreciação daquele; a parte pode restringir a amplitude do recurso de forma a abranger só parte das decisões tomadas; tal restrição faz-se no requerimento de interposição ou nas conclusões do recurso" (Acórdão do Supremo Tribunal de Justiça, de 20 de Novembro de 1986, *in Boletim do Ministério da Justiça*, n.º 361, pág. 488).

2. Determinam os n.ºˢ 1 e 2 do artigo 690.º do Código de Processo Civil:

Artigo 690.º
(Ónus de alegar e formular conclusões)

1 – O recorrente deve apresentar a sua alegação, na qual concluirá pela indicação dos fundamentos por que pede a alteração ou anulação da decisão.

3 – Na falta de alegação, o recurso é logo julgado deserto.

3. "No processo de expropriação por utilidade pública não é admissível a ampliação do pedido formulado pelo expropriado no recurso da decisão arbitral" (Acórdão do Tribunal da Relação de Évora, de 14 de Abril de 1977, *in Boletim do Ministério da Justiça*, n.º 269, pág. 217).

4. "Se o recorrente, a fim de ver alterado para mais o valor da indemnização fixada pelo tribunal recorrido, se limitou a alegar que é consideravelmente inferior ao que os expropriados obteriam, sem esforço, em mercado livre, terá de se considerar como não fundamentado esse pedido e não poderá o tribunal conhecer do recurso" (Acórdão do Supremo Tribunal de Justiça, de 8 de Março de 1974, *in Boletim do Ministério da Justiça*, n.º 235, 148).

146 *Código das Expropriações – arts. 59.º e 60.º*

5. "Não tendo a expropriada recorrido da decisão arbitral, esta, para ela, transitou em julgado, na medida em que envolve concordância com o julgado" (Acórdão do Tribunal da Relação do Porto, de 7 de Junho de 1983, *in Colectânea de Jurisprudência*, 1983, tomo III, pág. 259).

6. Cabe ao tribunal decidir sobre a utilidade das provas requeridas, à excepção da avaliação (artigo 61.º, n.ºˢ 1 e 2).

7. O recorrente deve indicar logo no recurso os factos a esclarecer pela perícia, não sendo obrigatória a dedução de quesitos (Código de Processo Civil, artigo 577.º).

ARTIGO 59.º

Admissão do recurso

Interposto recurso, o processo é concluso ao juiz para se pronunciar sobre a sua admissibilidade, fixar o respectivo efeito e ordenar a notificação da parte contrária para responder, no caso de prosseguimento.

NOTAS:

1. V. artigo 687.º, n.º 3, do Código de Processo Civil.

2. Da decisão arbitral podem recorrer o expropriante, o expropriado e os demais interessados, mas o primeiro não pode pretender a fixação de indemnização inferior ao montante da proposta que tiver apresentado nos termos do n.º 2 do artigo 11.º nem, os restantes, indemnização superior ao montante da contraproposta apresentada nos termos do n.º 5 do mesmo artigo (Cfr. Código Civil, artigo 334.º).

ARTIGO 60.º

Resposta

1 – A resposta a que se refere o artigo anterior é apresentada no prazo de 20 dias a contar da notificação da decisão que admitir o recurso; no caso de o recorrido pretender interpor recurso subordinado, a resposta conterá também o respectivo requerimento

Código das Expropriações – art. 61.º　　　　147

e as razões da sua discorância, podendo a parte contrária responder no prazo de 20 dias a contar da notificação do despacho que admitir tal recurso e ampliar o objecto da perícia.

2 – Com o recurso subordinado ou com a resposta devem ser oferecidos todos os documentos, requeridas as demais provas, incluindo a prova testemunhal, requerida a intervenção do tribunal colectivo e designado o perito, dando-se cumprimento, quando for o caso, ao disposto no artigo 577.º, do Código de Processo Civil.

NOTAS:

1. No processo de expropriação litigiosa não há lugar a petição inicial nem a contestação. A instância é impulsionada pela entidade expropriante no cumprimento de um dever legal e o seu objecto é também definido pela lei. Desta forma, só na fase dos recursos funciona o contraditório.

2. No domínio do Código revogado entendeu-se, por vezes, não ser admissível recurso subordinado da decisão arbitral. A solução não era a melhor, na medida em que forçava a conflitualidade, obrigando à interposição de recurso independente mesmo quando a parte admitia conformar-se com o acórdão, se a outra também o fizesse. A questão está resolvida no n.º 1.

3. O recurso subordinado rege-se pelo disposto no artigo 682.º do Código de Processo Civil, na parte não prejudicada pelo artigo em anotação.

4. "O recurso subordinado pode ser interposto dentro do prazo normal de interposição do recurso independente, sem esperar mesmo pela interposição deste. Todavia, o seu conhecimento no tribunal superior fica dependente do conhecimento de qualquer outro recurso que tenha a natureza de recurso independente" (Acórdão da Relação de Lisboa, de 29 de Abril de 1981, *in Boletim do Ministério da Justiça*, n.º 311, pág. 430).

ARTIGO 61.º

Diligências instrutórias

1 – Findo o prazo para a apresentação da resposta, seguem-se imediatamente as diligências instrutórias que o tribunal entenda úteis à decisão da causa.

2 – Entre as diligências a realizar tem obrigatoriamente lugar a avaliação, a que o tribunal preside, cabendo-lhe fixar o respectivo prazo, não superior a 30 dias, e resolver por despacho as questões de direito suscitadas pelos peritos de que dependa a avaliação.

3 – É aplicável o disposto nos artigos 578.º e 588.º do Código de Processo Civil.

4 – Incumbe ao recorrente, e só a este, ainda que se trate de entidade isenta de custas, o encargo de efectuar o preparo para despesas com a avaliação e a inspecção judicial, se a esta houver lugar.

5 – Quando se efectuar inspecção judicial, ficam a constar do respectivo auto todos os elementos reputados necessários para a decisão da causa.

6 – Não há lugar a segunda avaliação.

7 – Sendo necessário obter esclarecimentos de quem não haja de ser chamado a depor ou documento em poder de terceiro, o tribunal ordena a respectiva notificação, para o efeito, fixando prazo adequado; em caso de incumprimento do prazo, sem motivo justificativo, é aplicada multa até 10 unidades de conta.

NOTAS:

1. O presente Código confere ao juiz, nos processos de expropriação litigiosa, importantes poderes discricionários de exercício oficioso.

Deles é exemplo, entre outros, o teor da decisão sobre a utilidade das diligências instrutórias, com ressalva da avaliação, que é obrigatória (v., também, os artigos 23.º, n.º 5, 53.º, n.º 1, 71.º, n.º 4, 72.º, n.º 4, e 73.º, n.º 2).

2. O disposto na parte final do n.º 2 assume particular importância quando os peritos, ao pronunciarem-se sobre o objecto da perícia, constatem que não podem atribuir ao bem expropriado o seu valor real e corrente numa situação normal de mercado através da aplicação dos

Código das Expropriações – art. 61.º (2) 149

critérios de avaliação fixados indiciariamente nos artigos 26.º e seguintes. Neste caso, podem sugerir que o juiz decida nos termos do n.º 5 do artigo 23.º.

3. Se houver recursos de ambas as partes, as despesas com a perícia e a inspecção judicial são suportadas pelos recorrentes em partes iguais, ainda que um recurso seja independente e o outro subordinado.

As despesas com os demais meios de prova são reguladas pelo disposto no artigo 44.º do Código das Custas Judiciais.

4. O n.º 6 acompanha a jurisprudência formada na vigência do Código revogado (V. Acórdão da Relação de Lisboa, de 23 de Março de 1995, *in Colectânea de Jurisprudência*, ano XX, 1995, págs. 89 e seguintes).

5. Dada a relevância das regras urbanísticas na determinação do valor dos terrenos (o qual, em larga medida, depende do seu destino possível, de acordo com os planos de urbanização) é muito frequente os tribunais pedirem informações aos municípios sobre a sua existência ou conteúdo, por sugestão das partes ou dos peritos.

Nesse caso, como em todos os demais em que a marcha regular do processo dependa de esclarecimentos ou documentos a prestar por terceiros, estes ficam obrigados a responder ao tribunal dentro do prazo adequado que este lhes fixar, sendo sancionados, se não o fizerem tempestivamente sem motivo justificativo, nos termos da parte final do n.º 7.

A unidade de conta está fixada em um quarto do ordenado mínimo nacional mais elevado (Decreto-Lei n.º 212/89, de 30 de Junho, artigo 5.º)

6. A isenção de custas não abrange o reembolso à parte vencedora, a título de custas de parte. Mas se a entidade isenta for o Estado, incluindo os seus serviços ou organismos, ainda que personalizados, o Ministério Público ou as Regiões Autónomas, o reembolso é suportado pelo Cofre Geral dos Tribunais.

150 *Código das Expropriações – art. 62.º*

ARTIGO 62.º

Designação e nomeação dos peritos

1 – A avaliação é efectuada por cinco peritos, nos termos seguintes:
 a) **Cada parte designa um perito e os três restantes são nomeados pelo tribunal de entre os da lista oficial;**
 b) **Se dois ou mais interessados tiverem designado peritos diferentes, são notificados para, no prazo de cinco dias, declararem qual o nome definitivamente escolhido, prevalecendo, na falta de acordo, a vontade da maioria, se desta fizer parte o proprietário expropriado; faltando a designação válida de algum perito, devolve-se a designação ao tribunal, aplicando-se o disposto na parte final da alínea anterior.**

2 – A falta de comparência de qualquer perito determina a sua imediata substituição, que é feita livremente pelo tribunal, nos termos da parte final da alínea a) do n.º 1.

3 – As regras de recrutamento de peritos, a sua integração nas listas oficiais e a forma de publicação destas constam de decreto regulamentar, a publicar no prazo máximo de três meses, a contar da data da publicação do presente Código.

NOTAS:

1. Em relação aos peritos designados pelas partes, deve ter-se em conta o disposto no artigo 2.º do Decreto-Lei n.º 44/94, de 19 de Fevereiro:

Artigo 2.º

Inibição de funções

Os peritos da lista oficial não podem intervir em processos de expropriação, como peritos indicados pelas partes.

2. O regime dos impedimentos e da suspeição dos peritos encontra-se fixado no Decreto-Lei n.º 44/94, citado.

A dispensa das funções de perito está regulada nos artigos 571.º e seguinte do Código de Processo Civil.

Código das Expropriações – arts. 63.º e 64.º

3. A falta de intervenção de um perito na avaliação conduz necessariamente à anulação da decisão do recurso interposto da decisão arbitral (Acórdão do Tribunal da Relação do Porto, de 20 de Junho de 1975, *in Boletim do Ministério da Justiça*, n.º 250, pág. 212).

ARTIGO 63.º
Notificação para o acto de avaliação

1 – As partes são notificadas para, querendo, comparecerem no acto da avaliação.

2 – É entregue a cada perito cópia dos recursos, das respostas aos mesmos e do despacho que tiver sido proferido nos termos do n.º 2 do artigo 578.º do Código de Processo Civil.

NOTAS:

1. Com a alteração do regime da prova pericial, que passa a acompanhar em larga medida o disposto no Código de Processo Civil, não há lugar à apresentação de quesitos no acto da avaliação, antes prevista no n.º 1 do artigo 61.º do Código revogado.

2. Permanece válida, com as adaptações que o novo regime impõe, a doutrina do Acórdão da Relação de Évora, de 13 de Janeiro de 1977 (*in Colctânea de Jusrisprudência*, 1977, pág. 128):
"As respostas dos peritos aos quesitos formulados não podem ser consideradas na parte em que correspondam a interpretações de textos legais, mas não deixam de ser válidas quando e na medida em que os mesmos peritos concretamente respondam às perguntas feitas".
Quando os laudos periciais dependam da interpretação de um texto legal, haverá lugar à aplicação do disposto na parte final do n.º 2 do artigo 61.º.

ARTIGO 64.º
Alegações

1 – Concluídas as diligências de prova, as partes são notificadas para alegarem no prazo de 20 dias.

2 – O prazo para a alegação do recorrido ou dos recorridos corre a partir do termo do prazo para alegação do recorrente, contando-se este último desde a notificação para alegar.

3 – Recorrendo a título principal tanto a entidade expropriante como o expropriado, alega aquela em primeiro lugar.

NOTA:

"As alegações a que alude o artigo 82.º, n.º 1 do Decreto-Lei n.º 845/76, têm a mesma natureza daquelas a que se refere o artigo 657.º do Código de Processo Civil, pelo que a sua falta não conduz à deserção do recurso.

"O âmbito do recurso da decisão arbitral é fixado pelas alegações a que se refere o artigo 73.º, n.º 1, daquele Decreto-Lei n.º 845/76" (Acórdão do Tribunal da Relação do Porto, de 16 de Outubro de 1980, *in Colectânea de Jurisprudência*, 1980, tomo IV, pág. 213).

ARTIGO 65.º

Prazo de decisão

As decisões sobre os recursos da decisão arbitral são proferidas no prazo máximo de 30 dias a contar do termo fixado para as alegações das partes.

NOTA:

O prazo fixado no presente artigo é de mera ordenação do processo.

ARTIGO 66.º

Decisão

1 – O juiz fixa o montante das indemnizações a pagar pela entidade expropriante.

2 – A sentença é notificada às partes, podendo dela ser interposto recurso com efeito meramente devolutivo.

3 – É aplicável o disposto nos n.ºs 2 a 4 do artigo 52.º com as necessárias adaptações, devendo o juiz ordenar que a entidade expropriante efectue o depósito que for necessário no prazo de 10 dias.

4 – O disposto nos números precedentes é também aplicável no caso de o processo prosseguir em traslado.

5 – Sem prejuízo dos casos em que é sempre admissível recurso,

Código das Expropriações – art. 66.º (2)   153

não cabe recurso para o Supremo Tribunal de Justiça do acórdão do tribunal da Relação que fixa o valor da indemnização devida.

NOTAS:

1. "É uniforme o entendimento de que a indemnização por expropriação se deve fundamentalmente basear nos valores dados nos laudos e relatórios dos peritos escolhidos pelo tribunal, quando haja disparidade entre eles e quaisquer outros, não só pelas melhores garantias de imparcialidade que oferecem, como pela existência da competência técnica que o julgador, ao escolhê-los, lhes reconhece" (Acórdão do Tribunal da Relação de Évora, de 11 de Janeiro de 1977, *in Colectânea de Jurisprudência*, 1977, tomo I, pág. 125).

2. "A sentença que em processo de expropriação fixa o montante da indemnização a pagar é sentença condenatória e tem eficácia de título executivo. É lícito, pois, ao expropriado, no caso de recurso, requerer prestação de caução pelo expropriante" (Acórdão do Tribunal da Relação de Coimbra, de 2 de Outubro de 1979, *in Colectânea*, cit., 1979, tomo IV, pág. 1110).

3. "Destinando-se a caução a assegurar um mais fácil e pronto pagamento, não basta estar assegurada a solvabilidade económica do devedor, sendo ainda necessária a garantia do pagamento".

"Assim, fixado por sentença o montante da indemnização numa expropriação por utilidade pública, pode o recorrido exigir a prestação de caução mesmo que o condenado seja o Estado, nos termos do artigo 693.º, n.º 2, do Código de Processo Civil" (Acórdão do Tribunal da Relação de Coimbra, de 8 de Maio de 1979, *in Colectânea*, cit., 1979, tomo II, pág. 870).

Em sentido contrário:

"O Estado e as demais pessoas colectivas públicas não são obrigadas a prestar caução quando, sendo expropriantes, interponham recurso da decisão que fixou o quanto indemnizatório".

"O artigo 693.º, n.º 3, do Código de Processo Civil não lhes é aplicável, dada a sua solvabilidade e o fim a que a caução se destina" (Acórdão do Tribunal da Relação do Porto, de 12 de Março de 1981, *in Colectânea*, cit., 1981, tomo II, pág. 87).

154 *Código das Expropriações – art. 66.º (3)*

4. Se o recurso do acórdão da Relação, quando admissível, subir nos próprios autos, podem o expropriado e os demais interessados requerer certidão das pertinentes peças do processo, a fim de poder promover, com base no traslado, o incidente de depósito e seu levantamento, dentro do prazo fixado no n.º 4 do artigo 52.º.

A solução é particularmente relevante no caso de ter sido interposto recurso para o Tribunal Constitucional do acórdão do tribunal da Relação que recaíu sobre a apelação interposta contra a sentença do juiz do tribunal da comarca. O recurso para o Tribunal Constitucional tem, neste caso, efeito meramente devolutivo (Lei n.º 28/82, de 15 de Novembro, alterada pela Lei n.º 143/85, de 26 de Novembro, pela Lei Orgânica n.º 85/89, de 7 de Setembro, pela Lei n.º 88/95, de 1 de Setembro, e pela Lei n.º 13-A/98, de 26 de Fevereiro, artigo 78.º, n.º 3, atento o disposto na parte final do n.º 2 e no n.º 5 do artigo em anotação), podendo o acórdão da Relação, objecto de tal recurso, ser executado provisoriamente através do incidente de depósito e levantamento deste, mediante caução, a deduzir no traslado.

5. Se o titular do direito à indemnização não tiver requerido a execução provisória nos termos do n.º 4 do artigo 52.º, não fica impedido de requerer a execução provisória do acórdão da Relação de que tiver sido interposto recurso, pelo meio previsto no n.º 4.º do presente artigo 66.º.

6. Sobre o n.º 5, v. nota 2 ao artigo 38.º.

7. "Nos termos do artigo 83.º, n.º 4, do Código das Expropriações (Decreto-Lei n.º 845/76, de 11 de Dezembro) não há recurso para o Supremo da decisão da Relação que fixa o *quantum* da indemnização. Excluído por imperaivo legal expresso o aludido recurso, precludido está também o recurso para o Supremo dos elementos que levaram ao estabelecimento daquele *quantum*" (Acórdão do Supremo Tribunal de Justiça, de 19 de Fevereiro de 1991, no processo 80 127).

8. "No tocante a admissão de recursos, a nova Lei deve aplicar--se, salvo disposição expressa em contrário, a todas as decisões que venham a ser proferidas depois da sua entrada em vigor, mesmo nos processos já anteriormente pendentes" (Acórdão do Supremo Tribunal de Justiça, de 14 de Janeiro de 1993, no processo 83 259).

Código das Expropriações – art. 67.º

TÍTULO V
Do pagamento das indemnizações

ARTIGO 67.º
Formas de pagamento

1 – As indemnizações por expropriação por utilidade pública são pagas em dinheiro, de uma só vez, salvo as excepções previstas nos números seguintes.

2 – Nas expropriações amigáveis, a entidade expropriante, o expropriado e os demais interessados podem acordar no pagamento da indemnização em prestações ou na cedência de bens ou direitos de acordo com o previsto no artigo 69.º.

3 – O disposto no número anterior aplica-se à transacção judicial ou extrajudicial na pendência do processo de expropriação.

4 – Não são pagas quaisquer indemnizações sem que se mostre cumprido o disposto no artigo 29.º do Código da Contribuição Autárquica.

5 – O pagamento acordado em prestações é efectuado dentro do prazo máximo de três anos, podendo o montante das mesmas variar de acordo com as circunstâncias.

NOTAS:

1. Dispõem os arigos 26.º e 29.º do Código da Contribuição Autárquica:

Artigo 26.º
Entidades públicas

1 – As entidades públicas ou que desempenhem funções públicas que intervenham em actos relativos à constituição, transmissão, registo ou litígio de direitos sobre prédios exigirão a exibição de documento comprovativo da inscrição do prédio na matriz ou, sendo omisso, de que foi apresentada a declaração para inscrição.

2 – Sempre que o cumprimento do disposto no n.º 1 deste artigo se mostre impossível, far-se-á expressa menção do facto e das razões dessa impossibilidade.

Código das Expropriações – art. 68.º

Artigo 29.º
Pagamento de indemnizações

Não serão pagas quaisquer indemnizações por expropriação sem observância do disposto no artigo 26.º e sem que se mostrem pagas ou garantidas todas as anuidades vencidas da contribuição.

2. No acordo sobre a forma de pagamento da indemnização pode estipular-se o pagamento de parte desta através da cedência de bens ou direitos e o do restante de uma só vez ou em prestações.

3. O expropriado (salvo o proprietário de imóvel incluído nos segundos lanço e seguintes, na expropriação por zonas ou lanços) perde a qualidade de proprietário *ex vi* da declaração de utilidade pública, deixando, por isso, para o futuro, de estar sujeito a contribuição autárquica.

4. O prazo fixado no n.º 5 define imperativamente o período máximo das prestações.

ARTIGO 68.º
Quantias em dívida

1 – As quantias em dívida vencem juros, pagáveis anual ou semestralmente, conforme for acordado.

2 – Na falta de convenção entre as partes, a taxa de juro é a dos juros moratórios, nos termos do artigo 70.º.

3 – O montante das prestações vincendas é automaticamente actualizado no caso de agravamento do índice de preços no consumidor, na zona em causa, com exclusão da habitação, publicado pelo Instituto Nacional de Estatística.

NOTAS:

1. Da parte final do n.º 1 retira-se que o presente artigo se aplica, apenas, às expropriações amigáveis.

2. A taxa dos juros moratórios, nos termos do artigo 70.º, é a fixada nos termos do artigo 559.º, do Código Civil (v. nota 2 ao artigo 70.º).

Código das Expropriações – arts. 69.º e 70.º

3. A aplicação do n.º 3 poderia conduzir a contínuas operações de actualização das prestações vincendas, uma vez que o índice ali referido é publicado mensalmente.

Porém, nada impede que as partes adoptem outra solução, designadamente estabelecendo que os índices de actualização a considerar serão apenas os referentes aos meses de vencimento das prestações.

ARTIGO 69.º

Cedência de bens ou direitos

As partes podem acordar que a indemnização seja satisfeita, total ou parcialmente, através de cedência de bens ou direitos ao expropriado ou aos demais interessados.

NOTA:

V. artigos 34.º, alínea *d)*, e 67.º, n.º 2.

ARTIGO 70.º

Juros moratórios

1 – Os expropriados e demais interessados têm o direito de ser indemnizados pelos atrasos imputáveis à entidade expropriante no andamento do procedimento ou do processo expropriativo ou na realização de qualquer depósito no processo litigioso.

2 – Os juros moratórios incidem sobre o montante definitivo da indemnização ou sobre o montante dos depósitos, conforme o caso, e a taxa respectiva é a fixada nos termos do artigo 559.º do Código Civil.

3 – As cauções prestadas e os depósitos efectuados pela entidade expropriante respondem pelo pagamento dos juros moratórios que forem fixados pelo tribunal.

NOTAS:

1. Do presente artigo decorre que, para a entidade expropriante responder por juros moratórios, terão de verificar-se os pressupostos da responsabilidade civil extracontratual (ilicitude, imputação da omis-

158　　　*Código das Expropriações – art. 71.º*

são ao expropriante, existência de dano, nexo de causalidade entre a omissão e o dano).

2. A taxa de juro a que se refere o n.º 2 está actualmente fixada em 7% anuais (Portaria n.º 263/99, de 12 de Abril).
Anteriormente:
Portaria n.º 447/80, de 31 de Julho: 15%;
Portaria n.º 581/83, de 18 de Maio : 23%;
Portaria n.º 339/87, de 24 de Abril: 15%;
Portaria n.º 1171/95, de 25 de Setembro: 10%.

«A lei que altera a taxa de juro durante a mora aplica-se aos juros moratórios que corram desde a sua entrada em vigor (Acórdãos do Tribunal da Relação do Porto, de 13 de Janeiro de 1984 e 12 de Abril de 1984, *in Colectânea de Jurisprudência*, 1984, 2.º vol., págs. 198 e 240; Acórdão do Supremo Tribunal de Justiça, de 14 de Novembro de 1985, *in Boletim do Ministério da Justiça*, n.º 351, pág. 395).

3. Salvo o caso de atraso na realização de depósito, a taxa de juro incide sobre o montante definitivo da indemnização, o que exige o prévio trânsito em julgado da decisão que a fixar.

4. A liquidação dos juros moratórios deve ser feita nos termos do n.º 1 do artigo seguinte. Assim, atento o disposto no n.º 4 do mesmo preceito, o Estado pode ser chamado a efectuar o pagamento dos juros, em substituição do devedor, se as cauções prestadas e os depósitos efectuados não forem suficientes e as medidas executivas determinadas pelo juiz não surtirem efeito, total ou parcialmente (cfr. artigo 23.º, n.º 6; Código Civil, artigo 634.º).

ARTIGO 71.º

Depósito da indemnização

1 – Transitada em julgado a decisão que fixar o valor da indemnização, o juiz do tribunal da 1.ª instância ordena a notificação da entidade expropriante para, no prazo de 10 dias, depositar os montantes em dívida e juntar ao processo nota discriminada, justificativa dos cálculos da liquidação de tais montantes.

Código das Expropriações – art. 71.º (2) 159

2 – A secretaria notifica ao expropriado e aos demais interessados o montante depositado, bem como a nota referida na parte final do número anterior.

3 – O expropriado e os demais interessados podem levantar os montantes depositados, sem prejuízo da sua impugnação nos termos do artigo seguinte e do disposto no n.º 3 do artigo 53.º.

4 – Não sendo efectuado o depósito no prazo fixado, o juiz ordenará o pagamento por força das cauções prestadas pela entidade expropriante ou outras providências que se revelem necessárias, após o que, mostrando-se em falta alguma quantia, notificará o serviço que tem a seu cargo os avales do Estado, para que efectue o depósito do montante em falta, em substituição da entidade expropriante.

NOTAS:

1. Em face do disposto na parte final do n.º 1 não cabe ao tribunal efectuar oficiosamente o cálculo da actualização da indemnização prevista no artigo 24.º, nem dos juros moratórios a que se reporta o artigo anterior. Essa liquidação é posta pela lei a cargo da entidade expropriante, podendo ser impugnada pelo expropriado ou restantes titulares do direito à indemnização.

2. A ressalva do n.º 3 do artigo 53.º, na parte final do n.º 3 do preceito em anotação, refere-se aos casos em que a titularidade do direito à indemnização foi fixada provisoriamente pelo juiz nos termos do n.º 1 daquele artigo.

3. Sobre o n.º 4, v. nota 4 ao artigo anterior.

4. Entre as várias medidas de carácter executivo que o tribunal pode determinar para assegurar o recebimento das quantias em dívida inserem-se, nomeadamente, a apreensão de receitas ou de transferências orçamentais. O carácter expedito que a lei quis imprimir à fase executiva do processo de expropriação, aliado à possibilidade de ordenar o depósito pelo Estado, em substituição da entidade expropriante, excluem as medidas executivas comuns, a que, de resto, o inciso, intencionalmente, não faz qualquer alusão.

160   *Código das Expropriações – art. 72.º*

Deve, pois, o tribunal, limitar-se a determinar medidas expeditas de execução. Se estas não surtirem efeito rapidamente, total ou parcialmente, terá de passar, sem demora, à notificação do serviço de avales do Estado (Direcção-Geral do Tesouro) prevista na parte final do n.º 4.

5. Dada a natureza discricionária da decisão do tribunal, o Estado não pode excepcionar a possibilidade de utilização de medidas executivas, ainda que de carácter expedito, que o juiz tiver entendido não utilizar.

ARTIGO 72.º

Impugnação dos montantes depositados

1 – No prazo de 30 dias a contar da notificação prevista no n.º 2 do artigo anterior, o expropriado e os demais interessados podem impugnar os montantes depositados, especificando os valores devidos e apresentando e requerendo todos os meios de prova.

2 – Admitida a impugnação, a entidade expropriante é notificada para responder no prazo de 10 dias e para apresentar e requerer todos os meios de prova.

3 – Produzidas as provas que o juiz considerar necessárias, é proferida decisão fixando os montantes devidos e determinando a realização do depósito complementar que for devido, no prazo de 10 dias.

4 – Não sendo efectuado o depósito no prazo fixado, o juiz ordena o pagamento por força das cauções prestadas, ou as providências que se revelarem necessárias, aplicando-se ainda o disposto no n.º 4 do artigo anterior, com as necessárias adaptações, quanto aos montantes em falta.

5 – Efectuado o pagamento ou assegurada a sua realização, o juiz autoriza o levantamento dos montantes que se mostrem excessivos ou a restituição a que haja lugar e determina o cancelamento das cauções que se mostrem injustificadas, salvo o disposto no n.º 3 do artigo 53.º

NOTA:

V., quanto ao n.º 4, notas 4 e 5 ao artigo anterior.

Código das Expropriações – arts. 73.º e 74.º

ARTIGO 73.º

Atribuição das indemnizações

1 – A atribuição das indemnizações aos interessados faz-se de acordo com o disposto nos n.ᵒˢ 3 e 4 do artigo 37.º, com as necessárias adaptações.

2 – No caso de expropriação amigável, decorridos 60 dias sobre a data prevista para o pagamento de qualquer prestação ou respectivos juros sem que este seja efectuado, o expropriado pode requerer as providências a que se refere o n.º 4 do artigo anterior, devendo juntar a cópia do auto ou escritura a que se refere o n.º 6 do artigo 37.º.

3 – A entidade expropriante é citada para remeter o processo de expropriação e efectuar o depósito das quantias em dívida, nos termos do n.º 1 do artigo anterior, com as necessárias adaptações, podendo deduzir embargos dentro do prazo ali fixado.

NOTAS:

1. No caso de a forma de partilha da indemnização já se encontrar decidida judicialmente, com trânsito em julgado, será respeitada na atribuição da indemnização.

2. O disposto no n.º 2 explica-se pela natureza de título executivo do auto ou da escritura de expropriação amigável (Código de Processo Civil, artigo 46.º, alínea *b*)).

3. Quanto às medidas executivas, v. notas 4 e 5 ao artigo 71.º.

4. O regime dos embargos consta dos artigos 813.º e seguintes do Código de Processo Civil.

TÍTULO VI

Da reversão dos bens expropriados

ARTIGO 74.º

Requerimento

1 – A reversão a que se refere o artigo 5.º é requerida à entidade que houver declarado a utilidade pública da expropriação ou que haja sucedido na respectiva competência.

162 Código das Expropriações – arts. 75.º e 76.º

2 – Se o direito de reversão só puder ser utilmente exercido em conjunto com outro ou outros interessados, o requerente da reversão pode solicitar a notificação judicial destes para, no prazo de 60 dias a contar da notificação, requererem a reversão dos respectivos bens, nos termos do n.º 1, sob cominação de, não o fazendo algum ou alguns deles, a reversão dos mesmos se operar a favor dos que a requeiram.

3 – O pedido de expropriação total, nos termos do n.º 2 do artigo 3.º, não prejudica a reversão da totalidade do prédio.

4 – O pedido de reversão considera-se tacitamente indeferido se o interessado não for notificado de decisão expressa no prazo de 90 dias a contar da entrada do respectivo requerimento.

ARTIGO 75.º

Audiência da entidade e de outros interessados

1 – No prazo de 10 dias a contar da recepção do pedido de reversão, a entidade competente para decidir ordena a notificação da entidade expropriante e dos titulares de direitos reais sobre o prédio a reverter ou sobre os prédios dele desanexados, cujos endereços sejam conhecidos, para que se pronunciem sobre o requerimento no prazo de 15 dias.

2 – A entidade expropriante, dentro do prazo da sua resposta, remete o processo de expropriação à entidade competente para decidir o pedido de reversão ou indica o tribunal em que o mesmo se encontra pendente ou arquivado.

3 – No caso previsto na parte final do número anterior, a entidade competente para decidir solicita ao tribunal a confiança do processo até final do prazo fixado para a decisão.

4 – Se os factos alegados pelo requerente da reversão não forem impugnados pela entidade expropriante, presume-se, salvo prova em contrário, que são verdadeiros.

ARTIGO 76.º

Publicidade da decisão

1 – A decisão sobre o pedido de reversão é notificada ao requerente, à entidade expropriante e aos interessados cujo endereço seja conhecido.

Notas aos artigos 74.º, 75.º e 76.º 163

2 – A decisão é publicada por extracto na 2.ª série do *Diário da República.*

NOTAS AOS ARTIGOS 74.º, 75.º E 76.º:

1. V. notas ao artigo 5.º e nota 7 aos artigos 55.º a 57.º.

2. A autorização de reversão produz, em sentido inverso, o efeito decorrente da declaração de utilidade pública: extingue o direito de propriedade do expropriante ou de quem tiver sucedido na titularidade do bem e autoriza que, através de ulterior adjudicação judicial, seja este transferido para o património do expropriado mediante o pagamento de uma quantia correspondente ao montante da indemnização recebida, acrescida do valor das benfeitorias e ou diminuída do valor das deteriorações introduzidas no bem.

3. A reversão não se fundamenta em ilícito praticado pelo expropriante ou por quem haja sucedido na propriedade do bem expropriado. Se é expropriado um imóvel para nele se proceder à captação de água e o manancial se extingue, não há qualquer acto ilícito e existe direito de reversão.

4. O n.º 2 do artigo 74.º vem resolver as situações em que prédios expropriados a diversos proprietários passaram a constituir, depois da expropriação, um bem indivisível, ou em que a utilidade económica da reversão depende do pedido conjunto dos diversos expropriados e algum ou alguns destes não sejam encontrados ou não queiram aderir ao pedido de reversão.
Mais problemática é possibilidade de requerer a reversão, naqueles mesmos casos, quando tenho sido renunciada por qualquer dos expropriados cuja presença é imprescindável para que a reversão produza efeito útil (v.g., na reversão de várias parcelas onde foi construído um só edíficio que os expropriados visam aproveitar).

5. O n.º 3 do artigo 74.º refere, apenas, a existência de pedido de expropriação total. É, porém, evidente que antes quis reportar-se ao facto de esta ter sido decretada.

6. Face às regras procedimentais estabelecidas no artigo 75.º poderá haver lugar à aplicação do disposto na alínea *a*) do n.º 2 do artigo 103.º do Código do Procedimento Administrativo.

ARTIGO 77.º

Pedido de adjudicação

1 – Autorizada a reversão, o interessado deduz, no prazo de 90 dias a contar da data da notificação da autorização, perante o tribunal da comarca da situação do prédio ou da sua maior extensão, o pedido de adjudicação, instruindo a sua pretensão com os seguintes documentos:

a) Notificação da autorização da reversão;

b) Certidão, passada pela Conservatória do Registo Predial, da descrição do prédio, das inscrições em vigor, incluindo as dos encargos que sobre ele se encontram registados e dos existentes à data da adjudicação do prédio à entidade expropriante ou de que o mesmo se encontra omisso;

c) Certidão da inscrição matricial e do valor patrimonial do prédio ou de que o mesmo se encontra omisso;

d) Indicação da indemnização satisfeita e da respectiva forma de pagamento;

e) Quando for o caso, estimativa, fundamentada em relatório elaborado por perito da lista oficial à sua escolha, do valor das benfeitorias e deteriorações a que se refere o artigo seguinte.

2 – No caso do n.º 2 do artigo 74.º, o pedido é deduzido pelos vários interessados que, quando necessário, podem indicar o acordo sobre a forma como a adjudicação deverá ser feita, sem prejuízo do disposto no n.º 3 do artigo seguinte.

ARTIGO 78.º

Oposição do expropriante

1 – A entidade expropriante ou quem ulteriormente haja adquirido o domínio do prédio é citada para os termos do processo, podendo deduzir oposição, no prazo de 20 dias quanto aos montantes da indemnização indicada nos termos da alínea *d)* do n.º 1 do artigo anterior e da estimativa a que se refere a alínea *c)* do mesmo número.

2 – Na falta de acordo das partes, o montante a restituir é fixado pelo juiz, precedendo as diligências instrutórias que tiver

Código das Expropriações – art. 79.º   165

por necessárias, entre as quais tem obrigatoriamente lugar a avaliação, nos termos previstos para o recurso em processo de expropriação, salvo no que respeita à segunda avaliação, que é sempre possível.

3 – Determinado, com trânsito em julgado, o valor a que se refere o número anterior, o juiz, na falta de acordo mencionado no n.º 2 do artigo anterior, determina licitação entre os requerentes.

ARTIGO 79.º

Adjudicação

1 – Efectuados os depósitos ou as restituições a que haja lugar, o juiz adjudica o prédio ao interessado ou interessados, com os ónus ou encargos existentes à data da declaração de utilidade pública da expropriação e que não hajam caducado definitivamente, que devem ser especificamente indicados.

2 – Os depósitos são levantados pela entidade expropriante ou por quem ulteriormente haja adquirido o domínio sobre o bem, conforme for o caso.

3 – A adjudicação da propriedade é comunicada pelo tribunal ao conservador do registo predial competente para efeitos de registo oficioso.

NOTAS AOS ARTIGOS 77.º, 78.º E 79.º:

1. Dado o disposto no n.º 2 do artigo 76.º e no n.º 2 do artigo 130.º do Código do Procedimento Administrativo, tem de entender-se que o prazo para deduzir em juízo o pedido de adjudicação da propriedade conta-se a partir da data da publicação do acto que autorizou a reversão.

2. O n.º 2 do artigo 77.º constitui um caso de litisconsórcio activo legal entre os beneficiários da reversão.

3. O n.º 1 do artigo 78.º não esgota os fundamentos da oposição. Assim, nomeadamente, o expropriante ou quem tiver sucedido na propriedade do bem pode excepcionar a existência de benfeitorias que o expropriado não indicou e cujo valor, por isso, não foi por ele estimado.

166 *Código das Expropriações – art. 80.º*

4. Da formulação do n.º 2 do artigo 78.º resulta que a importância a pagar pelo expropriado em consequência da reversão será fixada pelo tribunal sempre que seja deduzida oposição ao montante indicado pelo expropriado e o juiz não consiga conciliar as partes.

5. A decisão que fixe a quantia a pagar pelo autor no processo de reversão é recorrível por qualquer das partes, nos termos gerais (v. nota 2 ao artigo 38.º).

6. A "restituição" a que se reporta o n.º 1 do artigo 79.º deve ser entendida em sentido amplo, de modo a abranger a entrega dos quantitativos da indemnização, com os acréscimos e ou diminuições a que houver lugar, quer ao expropriante, quer a quem tiver sucedido na titularidade do bem.

O preceito não se ocupa das relações entre o expropriante e quem lhe tiver sucedido na titularidade do bem, visto não respeitarem ao processo de reversão.

TÍTULO VII
Da requisição

ARTIGO 80.º
Requisição de imóveis

1 – Em caso de urgente necessidade e sempre que o justifique o interesse público e nacional, podem ser requisitados bens imóveis e direitos a eles inerentes, incluindo os estabelecimentos comerciais ou industriais, objecto de propriedade de entidades privadas, para realização de actividades de manifesto interesse público, adequadas à natureza daqueles, sendo observadas as garantias dos particulares e assegurado o pagamento de justa indemnização.

2 – Salvo o disposto em lei especial, a requisição, interpolada ou sucessiva, de um mesmo imóvel não pode exceder o período de um ano, contado nos termos do artigo 279.º do Código Civil.

NOTAS:

1. V. nota 6 ao artigo 1.º.

Código das Expropriações – art. 81.º

2. A distinção operada no n.º 1 entre bem imóvel, por um lado, e direito a ele inerente, por outro, parece assentar na ideia de que o segundo teria, apenas, uma vinculação (de natureza real) à coisa. Todavia, os direitos inerentes às coisas imóveis são, eles também, coisas imóveis (artigo 204.º, n.º 1, alínea *d)*, do Código Civil).

3. Os estabelecimentos (comerciais ou industriais) não são propriamente coisas, mas universalidades de direito, ou seja, conjuntos de situações jurídicas ou conjuntos de situações ([1]). Daí parecer que o n.º 1 não se reporta ao sentido jurídico de estabelecimento (comercial ou industrial) mas ao sentido corrente, não jurídico, do termo, i.e., ao prédio ou local de um prédio, que, com as instalações, as máquinas e os equipamentos, se encontra afecto a uma actividade comercial ou industrial.

4. As garantias de defesa dos particulares determinam que a "requisição só deve ser feita concorrendo os seguintes requisitos:
"*a)* Necessidade imperiosa dos bens;
"*b)* Destino a um fim administrativo;
"*c)* Impossibilidade de obter os bens pelos meios ordinários (...);
"*d)* Justa indemnização;
"*e)* Lei que a autorize;
"*f)* Ordem de autoridade competente;
"*g)* Forma escrita" ([2])

5. Sobre o conceito de justa indemnização v. artigo 84.º.

ARTIGO 81.º

Uso dos imóveis requisitados

1 – Em casos excepcionais, devidamente fundamentados no acto da requisição, os imóveis requisitados podem ser objecto de uso por instituições públicas ou particulares de interesse público.

2 – Para efeitos do presente diploma consideram-se instituições particulares de interesse público as de utilidade pública administrativa, as de mera utilidade pública e as de solidariedade social.

([1]) OLIVEIRA ASCENÇÃO, *Direitos Reais*, cit., pág. 51.
([2]) MARCELO CAETANO, *Manual*, II, cit., págs. 994 e seguintes.

168 *Código das Expropriações – art. 82.º*

NOTA:

Quando se pretenda a utilização dos imóveis por instituições públicas, distintas do Estado, ou por instituições particulares de interesse público, aos requisitos fixados nos n.ᵒˢ 1 e 3 do artigo 82.º acrescem os exigidos pelo presente preceito.

ARTIGO 82.º
Acto de requisição

1 – A requisição depende de prévio reconhecimento da sua necessidade por resolução do Conselho de Ministros, nomeadamente quanto à verificação da urgência e do interesse público e nacional que a fundamentam, observados os princípios da adequação, indispensabilidade e proporcionalidade.

2 – A requisição é determinada mediante portaria do membro do Governo responsável pela área, oficiosamente ou a solicitação de uma das entidades referidas no artigo anterior.

3 – Da portaria que determine a requisição deve constar o respectivo objecto, o início e o termo do uso, o montante mínimo, prazo e entidade responsável pelo pagamento da indemnização, bem como a indicação da entidade beneficiária da requisição, sem prejuízo do disposto no n.º 4 do artigo 85.º.

4 – A portaria de requisição é publicada na 2.ª série do *Diário da República* e notificada ao proprietário, podendo este reclamar no prazo de 15 dias úteis contado a partir da data da notificação ou da publicação.

NOTAS:

1. Embora seja sempre ditada por razões de urgência, a requisição (ao invés da expropriação em iguais circunstâncias) só pode ter lugar depois de esgotados todos os meios contratuais de direito privado (v. artigo 83.º, alínea *d)*).

2. De acordo com o n.º 1 deste artigo, a utilização do bem requisitado:

a) Deve ser instrumentalmente adequada à satisfação do interesse público nacional, que, concretamente, estiver em causa;

Código das Expropriações – art. 82.º (2)

b) Deve ser indispensável, de tal modo que, a não ser decretada a medida, não seja possível prosseguir o interesse público nacional;

c) Deve reduzir-se ao mínimo imprescindível para satisfazer o interesse público nacional.

3. A fixação da indemnização nos termos do presente artigo (v. também artigo 85.º, n.º 4) tem natureza meramente preventiva ou cautelar, inserindo-se num procedimento administrativo complexo que, entre os seus objectivos, visa evitar ou, pelo menos, atenuar, tanto quanto possível, o prejuízo económico do proprietário atingido pela requisição. Sendo, embora, um elemento essencial do acto que a autoriza, a fixação administrativa da indemnização não tem carácter definitivo, que a razão de ser do preceito antes exclui.

Pode, assim, o proprietário recorrer aos tribunais comuns se não se conformar com o montante fixado administrativamente, pedindo o acréscimo do *quantum* indemnizatório a que se julgar com direito, incluindo o ressarcimento dos dados mencionados no n.º 2 do artigo 85.º (artigo 84.º, n.º 4, alínea *c)*).

Compreende-se a solução da lei. Se a indemnização fosse fixada, apenas, por via administrativa, seria gravemente lesada a garantia processual dos interessados, dadas as limitações que surgiriam, em via de recurso de legalidade para o Supremo Tribunal Administrativo, no apuramento do montante da indemnização ([1]).

O carácter preventivo da indemnização fixada administrativamente nos processos de requisição aflora também no n.º 2 do artigo 10.º do Decreto-Lei n.º 637/74, de 20 de Novembro, que expressamente admite, não obstante essa fixação, a possibilidade de os interessados recorrerem aos tribunais.

4. V. Acórdão do Tribunal Constitucional, n.º 433/91, de 20 de Novembro, *in Boletim do Ministério da Justiça*, n.º 411, pág. 140.

5. Se o beneficiário da requisição for uma entidade pública, a portaria de requisição indicará, ainda, a rubrica orçamental que suportará o pagamento das indemnizações e a respectiva cativação.

([1]) Neste sentido, quanto à fixação administrativa da indemnização por nacionalização, v. FREITAS DO AMARAL e ROBIN DE ANDRADE, *As Indemnizações por Nacionalização em Portugal, in Revista da Ordem dos Advogados*, 1989, I, pág. 73.

ARTIGO 83.º

Instrução do pedido de requisição

A requisição a solicitação das entidades referidas no artigo 81.º é precedida de requerimento ao ministro responsável pelo sector, que conterá os seguintes elementos:

a) Identificação do requerente;

b) Natureza e justificação da importância das actividades a prosseguir;

c) Indispensabilidade da requisição;

d) Prova documental das diligências efectuadas com vista a acordo prévio com o proprietário sobre o uso a dar ao imóvel, com indicação do montante da justa indemnização oferecida e das razões do respectivo inêxito;

e) Tempo de duração necessário da requisição;

f) Previsão dos encargos a suportar em execução da medida pela requisição;

g) Entidade responsável pelo pagamento da indemnização devida pela requisição;

h) Forma de pagamento da indemnização;

i) Documento comprovativo de se encontrar regularizada a sua situação relativamente às suas obrigações fiscais e às contribuições para a segurança social.

NOTA:

Além dos elementos referidos neste artigo, as entidades particulares de interesse público devem juntar o documento mencionado no n.º 3 do artigo 85.º.

ARTIGO 84.º

Indemnização

1 – A requisição de bens imóveis confere ao requisitado o direito a receber uma justa indemnização.

2 – A justa indemnização não visa compensar o benefício alcançado pelo requisitante, mas ressarcir o prejuízo que para o requisitado advém da requisição.

3 – A indemnização corresponde a uma justa compensação, tendo em conta o período da requisição, o capital empregue para

Código das Expropriações – art. 84.º (2)   171

a construção ou aquisição e manutenção dos bens requisitados e o seu normal rendimento, a depreciação derivada do respectivo uso e, bem assim, o lucro médio que o particular deixa de perceber por virtude de requisição.

4 – A indemnização é fixada:

a) Por acordo expresso entre o beneficiário da requisição e o proprietário, nos termos dos artigos 33.º e seguintes, com as necessárias adaptações;

b) Na falta de acordo, pelo ministro responsável pelo sector, sob proposta do serviço com atribuições na área;

c) Se o proprietário não se conformar com o montante fixado nos termos da alínea anterior, pelos tribunais comuns, nos termos previstos para o recurso da decisão arbitral em processo de expropriação litigiosa, salvo no que se refere à segunda avaliação, que é sempre possível.

5 – A indemnização prevista no número anterior não prejudica aquelas a que haja lugar por força do disposto no n.º 2 do artigo seguinte.

6 – O pagamento da indemnização tem lugar no prazo mínimo de 60 dias após a publicação do acto de requisição.

NOTAS:

1. Os parâmetros a atender na fixação da indemnização, nos termos do n.º 3, definem uma situação-padrão, nada obstando, por isso, a que outros possam ser atendidos, no caso concreto.

2. A fixação de um prazo *mínimo* para o pagamento da indemnização parece injustificável a qualquer luz. Há manifesto lapso, que, aliás, ocorria já no artigo 80.º, n.º 6, do Código revogado, foi rectificado nos trabalhos preparatórios e reapareceu na versão publicada.

3. V. artigo 85.º, n.º 6.

ARTIGO 85.º

Obrigações do beneficiário

1 – São obrigações da entidade beneficiária da requisição:

a) Pagar os encargos financeiros emergentes da requisição no prazo determinado;

b) Assegurar os encargos resultantes da realização da actividade;

c) Não utilizar o imóvel para fim diverso do constante na requisição;

d) Avisar imediatamente o proprietário, sempre que tenha conhecimento de vício no imóvel;

e) Proceder à retirada de todas as benfeitorias ou materiais que por ela tenham sido colocados no imóvel;

f) Restituir o imóvel, no termo da requisição, no estado em que se encontrava.

2 – A entidade a favor de quem se operou a requisição é responsável pelos eventuais danos causados no imóvel requisitado durante o período da requisição, salvo se esses danos resultarem de facto imputável ao proprietário, de vício da coisa ou de caso furtuito ou de força maior.

3 – Quando o requerente for instituição particular de interesse público, deve apresentar documento comprovativo de se encontrar caucionado, nos termos da lei, o fundo indispensável para o pagamento das indemnizações a que haja lugar.

4 – No caso de se tratar de entidade pública, a portaria de requisição deve indicar a rubrica orçamental que suportará o pagamento das indemnizações a que houver lugar e respectiva cativação.

5 – A pretensão presume-se indeferida se no prazo de 15 dias não for proferida decisão.

6 – O serviço público com atribuições na área, na fase de apreciação do requerimento, deve procurar mediar os interesses em causa e, em qualquer caso, proceder à audição prévia dos proprietários dos imóveis requisitados.

7 – No caso previsto no n.º 2 anterior aplica-se o disposto no n.º 4 do artito 84.º, com as necessárias adaptações.

Código das Expropriações – art. 86.º 173

NOTA:

1. Os n.ᵒˢ 3 a 5 constituem, em rigor, matéria complementar da que se encontra regulada no artigo 83.º. O n.º 6 está em conexão directa com a matéria regulada no n.º 4 do artigo 84.º. A dispersão de preceitos relacionados entre si, por diversos artigos, impõe a remissão constante do n.º 7, embora a solução pareça correcta.

2. Além dos proprietários devem ser ouvidos os titulares de direitos reais ou pessoais de gozo sobre os imóveis que se pretende requisitar.

ARTIGO 86.º

Direitos e deveres do proprietário

1 – São direitos do proprietário do imóvel objecto de requisição:

a) **Usar, com os seus trabalhadores e utentes em geral, durante o período de tempo que durar a requisição, o imóvel, mantendo neste a actividade normal, desde que não se mostre incompatível, afecte, impeça ou, por qualquer modo, perturbe a preparação e a realização da actividade a assegurar;**

b) **Receber as indemnizações a que tenha direito, nos termos do presente diploma.**

2 – São deveres do proprietário do imóvel objecto de requisição entregar à entidade a favor de quem se operar a requisição o imóvel requisitado e não perturbar o gozo deste dentro dos limites da requisição.

NOTA:

Ao invés do que se deduziria do n.º 2 do presente artigo, a relação jurídica de requisição coloca o sujeito atingido pela medida, numa situação de sujeição (*pati*). O direito do beneficiário exerce-se directamente sobre o imóvel, independentemente da cooperação do proprietário ou, até, contra a vontade deste.

Do preceito retira-se, apenas, a ilicitude da turbação, pelo proprietário, do direito que assiste ao beneficiário de se apossar do bem e de o utilizar para os fins da requisição.

174 *Código das Expropriações – arts. 87.º e 88.º*

ARTIGO 87.º

Recurso contencioso

Do acto de requisição cabe recurso para os tribunais administrativos, nos termos da lei.

NOTAS:

1. Sendo a requisição determinada por acto do Governo (portaria) dela cabe recurso para o Supremo Tribunal Administrativo, no prazo fixado no artigo 28.º da Lei de Processo dos Tribunais Administrativos.

2. A anulação do acto de requisição implica a inutilidade da instância no processo de determinação da indemnização, com a consequente extinção da mesma, ou, no caso de haver sentença transitada em julgado, a impossibilidade da sua execução, que pode ser objecto de embargos com esse fundamento (Código de Processo Civil, artigo 813.º, alínea g); artigo 816.º, n.ᵒˢ 1 e 2).

TÍTULO VIII

Disposições finais

ARTIGO 88.º

Desistência da expropriação

1 – Nas expropriações por utilidade pública é ilícito à entidade expropriante desistir total ou parcialmente da expropriação enquanto não for investido na propriedade dos bens a expropriar.

2 – No caso de desistência, o expropriado e demais interessados são indemnizados nos termos gerais de direito, considerando-se, para o efeito, inciada a expropriação a partir da publicação no *Diário da República* do acto declarativo da utilidade pública.

NOTAS:

1. Ao admitir expressamente a desistência parcial, o n.º 1 oferece sede legislativa à prática já adoptada no domínio do Código revogado, que era omisso a este respeito.

Código das Expropriações – arts. 89.º e 90.º

2. Já se defendeu que à situação de desistência tem de ser equiparada a caducidade da declaração de utilidade pública (¹), para efeito da aplicação do n.º 2 . É de aceitar a solução, quando não haja lugar a renovação da declaração.

ARTIGO 89.º

Lista de peritos

Enquanto não forem publicadas as listas a que se refere o n.º 3 do artigo 62.º deste Código, mantêm-se transitoriamente em vigor as actuais.

ARTIGO 90.º

Regiões Autónomas

1 – Nas Regiões Autónomas dos Açores e da Madeira a declaração de utilidade pública da expropriação de bens pertencentes a particulares ou às autarquias locais é da competência do Governo Regional e reveste a forma de resolução, a publicar no boletim oficial da região.

2 – A declaração de utilidade pública da expropriação de bens pertencentes à administração central e das necessárias para obras de iniciativa do Estado ou de serviços dependentes do Governo da República é da competência do Ministro da República, sendo publicada na 2.ª série do *Diário da República*.

NOTAS:

1. A parte final do n.º 1 confere sede legislativa à doutrina do Assento do Supremo Tribunal de Justiça, de 23 de Abril de 1987 (*in Diário da República*, 1.ª série, de 3 de Junho de 1987), tirado na vigência do Código das Expropriações de 1976, mas transponível para o regime do Código revogado depois da alteração introduzida no n.º 1 do respectivo artigo 86.º pelo artigo 71.º da Lei n.º 2/92, de 9 de Março (²).

(¹) Mário Jorge de Lemos Pinto, *Código das Expropriações*, cit., pág. 158.

(²) V. Luís Perestrelo de Oliveira, *Código das Expropriações Anotado*, Coimbra, 1992, págs. 151 e seg.

176 Código das Expropriações – art. 91.º

2. O disposto no n.º 1 impõe a adaptação dos preceitos do Código que se referem à publicação da declaração de utilidade pública no Diário da República, quando aplicados às expropriações dos Governos Regionais.

3. O disposto nos n.ºˢ 2 a 4 do artigo 14.º é aplicável, com as necessárias adaptações, nas Regiões Autónomas, limitando, tal como sucede no Continente relativamente ao Governo da República, a competência dos Governos Regionais.

ARTIGO 91.º

Expropriação de bens móveis

1 – Nos casos em que lei autorize a expropriação de bens móveis materiais, designadamente no artigo 16.º da Lei n.º 13/85, de 6 de Julho, pode haver lugar a posse administrativa, imediatamente depois da vistoria *ad perpetuam rei memoriam*, sem dependência de qualquer outra formalidade, seguindo-se quanto ao mais, nomeadamente quanto à fixação e ao pagamento da justa indemnização, a tramitação prevista para os processos de expropriação litigiosa, aplicando-se o disposto no n.º 5 do artigo 20.º, com as necessárias adaptações.

2 – A entidade expropriante solicita ao presidente do tribunal da Relação do lugar do domicílio do expropriado a nomeação de um perito com formação adequada, para proceder à vistoria *ad perpetuam rei memoriam*, podendo sugerir nomes para o efeito.

3 – Os árbitros e o perito são livremente designados pelo presidente do tribunal da relação do lugar da situação do bem no momento de declaração de utilidade pública de entre indivíduos com a especialização adequada.

4 – A designação do perito envolve a autorização para este entrar no local onde se encontra o bem, acompanhado de representantes da entidade expropriante, a fim de proceder à vistoria *ad perpetuam rei memoriam*, se necessário com o auxílio de força policial.

5 – O auto de vistoria *ad perpetuam rei memoriam* descreve o bem com a necessária minúcia.

6 – A entidade expropriante poderá recorrer ao auxílio de força policial para tomar posse do bem.

7 – É competente para conhecer do recurso da arbitragem o tribunal da comarca do domicílio ou da sede do expropriado.

Código das Expropriações – art. 92.º 177

NOTA:

Dado o disposto no n.º 2 do artigo 34.º da Constituição, parece que a autorização para entrada no domicílio do expropriado, quando a coisa móvel expropriada aí se encontre, deve ser expressa, referindo a possibilidade de recurso à força pública, nos termos do n.º 6.

ARTIGO 92.º
Aplicação subsidiária do processo de expropriação

1 – Sempre que a lei mande aplicar o processo de expropriação para determinar o valor de um bem, designadamente no caso de não aceitação do preço convencionado de acordo com o regime do direito legal de preferência, aplica-se, com as necessárias adaptações, o disposto nos artigos 42.º e seguintes do presente Código, sem precedência de declaração de utilidade pública, valendo como tal, para efeitos de contagem de prazos, o requerimento a que se refere o n.º 3 do artigo 42.º.

2 – Salvo no caso de o exercício do direito legal de preferência se encontrar associado à existência de medidas preventivas, legalmente estabelecidas, a não aceitação do preço convencionado só é possível quando o valor do terreno, de acordo com avaliação preliminar efectuada por perito da lista oficial, de livre escolha do preferente, seja inferior àquele em, pelo menos 20%.

3 – Qualquer das partes do negócio projectado pode desistir deste; a notificação da desistência ao preferente faz cessar o respectivo direito.

4 – Pode também o preferente desistir do seu direito mediante notificação às partes do negócio projectado.

NOTAS:

1. V. entre outros diplomas, a que se refere o n.º 1: Decreto-Lei n.º 794/76, de 5 de Novembro (artigos 27.º e 28.º); Decreto-Lei n.º 34021, de 11 de Outubro de 1944 (artigo 4.º); Decreto-Lei n.º 380/99, de 22 de Setembro (artigos 122.º, n.º 4, 126.º, n.º 3 e 143.º, n.º 4).

2. O direito de preferência concedido à Administração nos artigos 27.º e 28.º do Decreto-Lei n.º 794/76 é regulado pelas disposições do Decreto n.º 862/76, de 22 de Dezembro.

ARTIGO 93.º

Áreas de desenvolvimento urbano prioritário e de construção prioritária

1 – Os bens dos participantes que se recusem a outorgar qualquer acto ou contrato previsto no regime jurídico das áreas de desenvolvimento urbano prioritário ou de construção prioritária, ou nos respectivos instrumentos reguladores, são expropriados com fundamento na utilidade pública da operação e integrados na participação do município.

2 – A expropriação segue os termos previstos no presente Código com as seguintes modificações:

   a) É dispensada a declaração de utilidade pública, valendo como tal, para efeitos de contagem de prazos, o requerimento a que se refere o n.º 3 do artigo 42.º:

   b) A indemnização é calculada com referência à data em que o expropriado tiver sido convocado para decidir sobre a aceitação da operação.

NOTA:

V. Decreto-Lei n.º 152/82, de 3 de Maio, alterado pelo Decreto-Lei n.º 210/83, de 23 de Maio (regime jurídico das áreas de desenvolvimento urbano prioritário e de construção prioritária).

ARTIGO 94.º

Expropriação para fins de composição urbana

1 – As expropriações previstas nos n.ºˢ 1 e 5 do artigo 48.º do Decreto-Lei n.º 794/76, de 5 de Novembro, seguem os termos previstos no presente Código, com as seguintes modificações:

   a) É dispensada a declaração de utilidade pública, valendo como tal, para efeitos de contagem de prazos, o requerimento a que se refere o n.º 3 do artigo 42.º;

   b) A indemnização é calculada com referência à data em que o expropriado tiver sido notificado nos termos do n.º 1 do artigo 48.º do Decreto-Lei n.º 794/76;

   c) Os terrenos e prédios urbanos expropriados podem ser alienados, nos termos da lei, para realização dos fins pros-

Código das Expropriações – art. 95.º 179

seguidos pelos n.ᵒˢ 1 e 5 do artigo 48.º do Decreto-Lei n.º 794/76, sem direito à reversão nem ao exercício de preferência;

d) Os depósitos em processo litigioso serão efectuados por força das receitas da operação, sendo actualizados nos termos dos n.ᵒˢ 1 a 3 do artigo 24.º.

2 – Para efeitos do disposto na alínea *d)* do número anterior deve a entidade expropriante informar o tribunal das datas previstas e efectivas do recebimento das receitas.

NOTA:

O artigo 48.º do Decreto-Lei n.º 794/76, de 5 de Novembro, foi parcialmente substituído pelo disposto no artigo 128.º do Decreto-Lei n.º 380/99, de 22 de Setembro. Desta forma, o presente artigo 94.º aplica-se às expropriações reguladas naqueles dois preceitos.

ARTIGO 95.º

Áreas com construções não licenciadas

Na expropriação de terrenos que por facto do proprietário estejam total ou parcialmente ocupados com construções não licenciadas, cujos moradores devam vir a ser desalojados e ou realojados pela administração central ou local, o valor do solo desocupado é calculado nos termos gerais, mas com dedução do custo estimado das demolições e dos desalojamentos necessários para o efeito.

NOTA:

A regra de cálculo fixada no presente artigo é ditada por razões de justiça da indemnização, na perspectiva do interesse público: se o expropriado é indemnizado pelo valor do solo desocupado, em regra superior ao do solo ocupado com construções clandestinas, deve abater-se ao valor da indemnização o montante estimado dos custos a suportar pela entidade expropriante para se conseguir essa desocupação.

ARTIGO 96.º

Expropriação requerida pelo proprietário

Nos casos em que, em consequência de disposição especial, o proprietário tem o direito de requerer a expropriação de bens próprios, não há lugar a declaração de utilidade pública, valendo como tal, para efeitos de contagem de prazos, o requerimento a que se refere o n.º 3 do artigo 43.º.

NOTAS:

1. V. situações referidas na nota 5 ao artigo 1.º.

2. V. Decreto-Lei n.º 380/99, de 22 de Setembro, artigo 130.º.

ARTIGO 97.º

Dever de informação

A entidade expropriante é obrigada a comunicar à repartição de finanças competente e ao Instituto Nacional de Estatística o valor atribuído aos imóveis no auto ou na escritura de expropriação amigável ou na decisão final do processo litigioso.

ARTIGO 98.º

Contagem de prazos não judiciais

1 – Os prazos não judiciais fixados no presente Código contam-se, salvo disposição especial, nos termos dos artigos 72.º e 73.º do Código do Procedimento Administrativo, independentemente da natureza da entidade expropriante.

2 – Os prazos judiciais fixados no presente Código contam-se nos termos do disposto no Código de Processo Civil.

NOTA:

O Código do Procedimento Administrativo é apenas aplicável aos órgãos da Administração, pelo que, sem o esclarecimento da parte final do n.º 1, poderia sustentar-se a sua inaplicabilidade nas expropriações requeridas por particulares.

LEGISLAÇÃO COMPLEMENTAR

- Código de Processo Civil (artigos 1525.º a 1528.º)
- Lei n.º 31/86, de 29 de Agosto
- Decreto-Lei n.º 36/79, de 3 de Março
- Decreto-Lei n.º 44/94, de 19 de Fevereiro
- Decreto Regulamentar n.º 15/98, de 9 de Julho

CÓDIGO DE PROCESSO CIVIL

LIVRO IV
DO TRIBUNAL ARBITRAL

TÍTULO I
Do tribunal arbitral voluntário

ARTIGOS 1511.º a 1524.º

....

Este título foi revogado pelo art. 39.º, n.º 3, da Lei n.º 31/86, de 29 de Agosto.

TÍTULO II
Do tribunal arbitral necessário

ARTIGO 1525.º

Regime do julgamento arbitral necessário

Se o julgamento arbitral for prescrito por lei especial, atender-se-á ao que nesta estiver determinado. Na falta de determinação, observar-se-á o disposto nos artigos seguintes.

ARTIGO 1526.º

Nomeação dos árbitros – Árbitro de desempate

1 – Pode qualquer das partes requerer a notificação da outra para a nomeação de árbitros, aplicando-se, com as necessárias adaptações, o estabelecido na lei da arbitragem voluntária.

Código de Processo Civil

2 – O terceiro árbitro vota sempre, mas é obrigado a conformar-se com um dos outros, de modo que faça maioria sobre os pontos em que haja divergência.

ARTIGO 1527.º

Substituição dos árbitros – Responsabilidade dos remissos

1 – Se em relação a algum dos árbitros se verificar qualquer das circunstâncias previstas no artigo 13.º da lei da arbitragem voluntária, procede-se à nomeação de outro, nos termos do artigo anterior, cabendo a nomeação a quem tiver nomeado o árbitro anterior, quando possível.

2 – Se a decisio não for proferida dentro do prazo, este será prorrogado por acordo das partes ou decisão do juiz, respondendo pelo prejuízo havido e incorrendo em multa os árbitros que injustificadamente tenham dado causa à falta; havendo nova falta, os limites da multa são elevados ao dobro.

ARTIGO 1528.º

Aplicação das disposições relativas ao tribunal arbitral voluntário

Em tudo o que não vai especialmente regulado observar-se-á, na parte aplicável, o disposto na lei da arbitragem voluntária.

LEI N.º 31/86

de 29 de Agosto

Arbitragem volunlária

A Assembleia da República decreta, nos termos dos artigos 164.º, alínea *d*), 168.º, n.º 1, alínea *q*), e 169.º, n.º 2, da Constituição, o seguinte:

CAPÍTULO I

ARTIGO 1.º
Convenção de arbitragem

1 – Desde que por lei especial não esteja submetido exlusivamente a tribunal judicial ou a arbitragem necessária, qualquer litígio que não respeite a direitos indisponíveis pode ser cometido pelas partes, mediante convenção de arbitragem, à decisão de árbitros.

2 – A convenção de arbitragem pode ter por objecto um litígio actual, ainda que se encontre afecto a tribunal judicial (compromisso arbitral), ou litígios eventuais emergentes de uma determinada relação contratual ou extracontratual (cláusula compromissória).

3 – As partes podem acordar em considerar abrangidas no conceito de litígio, para além das questões de natureza contenciosa em sentido estrito, quaisquer outras, designadamente as relacionadas com a necessidade de precisar, completar, actualizar ou mesmo rever os contratos ou as relações jurídicas que estão na origem da convenção de arbitragem.

4 – O Estado e outras pessoas colectivas de direito público podem celebrar convenções de arbitragem, se para tanto forem autorizados por lei especial ou se elas tiverem por objecto litígios respeitantes a relações de direito privado.

ARTIGO 2.º

Requisitos da convenção; revogação

1 – A convenção de arbitragem deve ser reduzida a escrito.

2 – Considera-se reduzida a escrito a convenção de arbitragem constante ou de documento assinado pelas partes, ou de troca de cartas, *telex*, telegramas ou outros meios de telecomunicação de que fique prova escrita, quer esses instrumentos contenham directamente a convenção, quer deles conste cláusula de remissão para algum documento em que uma convenção esteja contida.

3 – O compromisso arbitral deve determinar com precisão o objecto do litígio; a cláusula compromissória deve especificar a relação jurídica a que os litígios respeitem.

4 – A convenção de arbitragem pode ser revogada, até à pronúncia da decisão arbitral, por escrito assinado pelas partes.

ARTIGO 3.º

Nulidade da convenção

É nula a convenção de arbitragem celebrada com violação do disposto nos artigos 1.º, n.ᵒˢ 1 e 4, e 2.º, n.ᵒˢ 1 e 2.

ARTIGO 4.º

Caducidade da convenção

1 – O compromisso arbitral caduca e a cláusula compromissória fica sem efeito, quanto ao litígio considerado:

a) Se algum dos árbitros designados falecer, se escusar ou se impossibilitar permanentemente para o exercício da função ou se a designação ficar sem efeito, desde que não seja substituído nos termos previstos no artigo 13.º;

b) Se, tratando-se de tribunal colectivo, não puder formar-se maioria na deliberação dos árbitros;

c) Se a decisão não for proferida no prazo estabelecido de acordo com o disposto no artigo 19.º.

2 – Salvo convenção em contrário, a morte ou extinção das partes não faz caducar a convenção de arbitragem nem extinguir a instância no tribunal arbitral.

ARTIGO 5.º

Encargos do processo

A remuneração dos árbitros e dos outros intervenientes no processo, bem como a sua repartição entre as partes, deve ser fixada na convenção de arbitragem ou em documento posterior subscrito pelas partes, a menos que resultem dos regulamentos de arbitragem escolhidos nos termos do artigo 15.º.

CAPÍTULO II

Dos árbitros e do tribunal arbitral

ARTIGO 6.º

Composição do tribunal

1 – O tribunal arbitral poderá ser constituído por um único árbitro ou por vários, em numero ímpar.

2 – Se o número de membros do tribunal arbitral não for fixado na convenção de arbitragem ou em escrito posterior assinado pelas partes, nem deles resultar, o tribunal será composto por três árbitros.

ARTIGO 7.º

Designação dos árbitros

1 – Na convenção de arbitragem ou em escrito posterior por elas assinado, devem as partes designar o árbitro ou árbitros que constituirão o tribunal, ou fixar o modo por que serão escolhidos.

2 – Se as partes não tiverem designado o árbitro ou os árbitros nem fixado o modo da sua escolha, e não houver acordo entre elas quanto a essa designação, cada uma indicará um árbitro, a menos que acordem em que cada uma delas indique mais de um em número igual, cabendo aos árbitros assim designados a escolha do árbitro que deve completar a constituição do tribunal.

ARTIGO 8.º

Árbitros: requisitos

Os árbitros devem ser pessoas singulares e plenamente capazes.

ARTIGO 9.º

Liberdade de aceitação; escusa

1 – Ninguém pode ser obrigado a funcionar como árbitro; mas, se o encargo tiver sido aceite, só será legítima a escusa fundada em causa superveniente que impossibilite o designado de exercer a função.

2 – Considera-se aceite o encargo sempre que a pessoa designada revele a intenção de agir como árbitro ou não declare, por escrito dirigido a qualquer das partes, dentro dos dez dias subsequentes à comunicação da designação, que não quer exercer a função.

3 – O árbitro que, tendo aceitado o encago, se escusar injustificadamente ao exercício da sua função responde pelos danos a que der causa.

ARTIGO 10.º

Impedimento e recusa

1 – Aos árbitros não nomeados por acordo de partes é aplicável o regime de impedimentos e escusas estabelecidos na lei de processo civil para os juízes.

2 – A parte não pode recusar o árbitro por ela designado, salvo ocorrência de causa superveniente de impedimento ou escusa, nos termos do número anterior.

ARTIGO 11.º

Constituição do tribunal

1 – A parte que pretenda instaurar o litígio no tribunal arbitral deve notificar desse facto a parte contrária.

2 – A notificação é feita por carta registada com aviso de recepção.

3 – A notificação deve indicar a convenção de arbitragem e precisar o objecto do litígio, se ele não resultar já determinado da convenção.

4 – Se às partes couber designar um ou mais árbitros, a notificação conterá a designação do árbitro ou árbitros pela parte que se propõe instaurar a acção, bem como o convite dirigido à outra para designar o árbitro ou árbitros que lhe cabe indicar.

5 – Se o árbitro dever ser designado por acordo das duas partes, a notificação conterá a indicação do árbitro proposto e o convite à outra parte para que aceite.

Lei n.º 31/86, de 29 de Agosto   189

6 – Caso pertença a terceiro a designação de um ou mais árbitros e tal designação não haja ainda sido feita, será o terceiro notificado para a efectuar e a comunicar a ambas as partes.

ARTIGO 12.º

Nomeação de árbitros e determinação do objecto do litígio pelo tribunal judicial

1 – Em todos os casos em que falte nomeação de árbitro ou árbitros, em conformidade com o disposto nos artigos anteriores, caberá essa nomeação ao presidente do tribunal da relação do lugar fixado para a arbitragem ou, na falta de tal fixação, do domicílio do requerente.

2 – A nomeação pode ser requerida passado um mês sobre a notificação prevista no artigo 11.º, n.º 1, no caso contemplado nos n.os 4 e 5 desse artigo, ou no prazo de um mês a contar da nomeação do último dos árbitros a quem compete a escolha, no caso referido no artigo 7.º, n.º 2.

3 – As nomeações feitas nos termos dos números anteriores não são susceptíveis de impugnação.

4 – Se no prazo referido no n.º 2 as partes não chegarem a acordo sobre a determinação do objecto do litígio, caberá ao tribunal decidir. Desta decisão cabe recurso de agravo, a subir imediatamente.

5 – Se a convenção de arbitragem for manifestamente nula, deve o tribunal declarar não haver lugar à designação de árbitros ou à determinação do objecto do litígio.

ARTIGO 13.º

Substituição dos árbitros

Se algum dos árbitros falecer, se escusar ou se impossibilitar permanentemente para o exercício das funções ou se a designação ficar sem efeito, proceder-se-á à sua substituição segundo as regras aplicáveis à nomeação ou designação, com as necessárias adaptações.

ARTIGO 14.º

Presidente do tribunal arbitral

1 – Sendo o tribunal constituído por mais de um árbitro, escolherão eles entre si o presidente, a menos que as partes tenham acordado, por escrito, até à aceitação do primeiro árbitro, noutra solução.

190   *Lei n.º 31/86, de 29 de Agosto*

2 – Não sendo possível a designação do presidente nos termos do número anterior, caberá a escolha ao presidente do tribunal da relação.

3 – Compete ao presidente do tribunal arbitral preparar o processo, dirigir a instrução, conduzir os trabalhos das audiências e ordenar os debates, salvo convenção em contrário.

CAPÍTULO III
Do fundamento da arbitragem

ARTIGO 15.º
Regras do processo

1 – Na convenção de arbitragem ou em escrito posterior, até à aceitação do primeiro árbitro, podem as partes acordar sobre as regras de processo a observar na arbitragem, bem como sobre o lugar onde funcionará o tribunal.

2 – O acordo das partes sobre a matéria referida no número anterior pode resultar da escolha de um regulamento de arbitragem emanado de uma das entidades a que se reporta o artigo 38.º ou ainda da escolha de uma dessas entidades para a organização da arbitragem.

3 – Se as partes não tiverem acordado sobre as regras de processo a observar na arbitragem e sobre o lugar de funcionamento do tribunal, caberá aos árbitros essa escolha.

ARTIGO 16.º
Princípios fundamentais a observar no processo

Em qualquer caso, os trâmites processuais da arbitragem deverão respeitar os seguintes princípios fundamentais:

a) As partes serão tratadas com absoluta igualdade;

b) O demandado será citado para se defender;

c) Em todas as fases do processo será garantida a estreita observância do princípio do contraditório;

d) Ambas as partes devem ser ouvidas, oralmente ou por escrito, antes de ser proferida a decisão final.

Lei n.º 31/86, de 29 de Agosto 191

ARTIGO 17.º
Representação das partes

As partes podem designar quem as represente ou assista em tribunal.

ARTIGO 18.º
Provas

1 – Pode ser produzida perante o tribunal arbitral qualquer prova admitida pela lei de processo civil.

2 – Quando a prova a produzir dependa da vontade de uma das partes ou de terceiro e estes recusem a necessária colaboração, pode a parte interessada, uma vez obtida autorização do tribunal arbitral, requerer ao tribunal judicial que a prova seja produzida perante ele, sendo os seus resultados remetidos àquele primeiro tribunal.

CAPÍTULO IV
Da decisão arbitral

ARTIGO 19.º
Prazo para a decisão

1 – Na convenção de arbitragem ou em escrito posterior, até à aceitação do primeiro árbitro, podem as partes fixar o prazo para a decisão do tribunal arbitral ou o modo de estabelecimento desse prazo.

2 – Será de seis meses o prazo para a decisão, se outra coisa não resultar do acordo das partes, nos termos do número anterior.

3 – O prazo a que se referem os n.os 1 e 2 conta-se a partir da data da designação do último árbitro, salvo convenção em contrário.

4 – Por acordo escrito das partes, poderá o prazo da decisão ser prorrogado até ao dobro da sua duração inicial.

5 – Os árbitros que injustificadamente obstarem a que a decisão seja proferida dentro do prazo fixado respondem pelos danos causados.

ARTIGO 20.º
Deliberação

1 – Sendo o tribunal composto por mais de um membro, a decisão é tomada por maioria de votos, em deliberação em que todos os

192   *Lei n.º 31/86, de 29 de Agosto*

árbitros devem participar, salvo se as partes, na convenção de arbitragem ou em acordo escrito posterior, celebrado, até à aceitação do primeiro árbitro, exigirem uma maioria qualificada.

2 – Podem ainda as partes convencionar que, não se tendo formado a maioria necessária, a decisão seja tomada unicamente pelo presidente ou que a questão se considere decidida no sentido do voto do presidente.

3 – No caso de não se formar a maioria necessária apenas por divergências quanto ao montante de condenação em dinheiro, a questão considera-se decidida no sentido do voto do presidente, salvo diferente convenção das partes.

ARTIGO 21.º

Decisão sobre a própria competência

1 – tribunal arbitral pode pronunciar-se sobre a sua própria competência, mesmo que para esse fim seja necessário apreciar a existência, a validade ou a eficácia da convenção de arbitragem ou do contrato em que ela se insira, ou a aplicabilidade da referida convenção.

2 – A nulidade do contrato em que se insira uma convenção de arbitragem não acarreta a nulidade desta, salvo quando se mostre que ele não teria sido concluído sem a referida convenção.

3 – A incompetência do tribunal arbitral só pode ser arguida até à apresentação da defesa quanto ao fundo da causa, ou juntamente com esta.

4 – A decisão pela qual o tribunal arbitral se declara competente só pode ser apreciada pelo tribunal judicial depois de proferida a decisão sobre o fundo da causa e pelos meios especificados nos artigos 27.º e 31.º.

ARTIGO 22.º

Direito aplicável; recurso à equidade

Os árbitros julgam segundo o direito constituído, a menos que as partes, na convenção de arbitragem ou em documento subscrito até à aceitação do primeiro árbitro, os autorizem a julgar segundo a equidade.

ARTIGO 23.º

Elementos da decisão

1 – A decisão final do tribunal arbitral é reduzida a escrito e dela constará:

a) A identificação das partes;

b) A referência à convenção de arbitragem;

c) O objecto do litígio;

d) A identificação dos árbitros;

e) O lugar da arbitragem e o local e a data em que a decisão foi proferida;

f) A assinatura dos árbitros;

g) A indicação dos árbitros que não puderem ou não quiserem assinar.

2 – A decisão deve conter um número de assinaturas pelo menos igual ao da maioria dos árbitros e incluirá os votos de vencido, devidamente identificados.

3 – A decisão deve ser fundamentada.

4 – Da decisão constará a fixação e repartição pelas partes dos encargos resultantes do processo.

ARTIGO 24.º

Notificação e depósito da decisão

1 – O presidente do tribunal mandará notificar a decisão a cada uma das partes, mediante a remessa de um exemplar dela, por carta registada.

2 – O original da decisão é depositado na secretaria do tribunal judicial do lugar da arbitragem, a menos que na convenção de arbitragem ou em escrito posterior as partes tenham dispensado tal depósito ou que, nas arbitragens institucionalizadas, o respectivo regulamento preveja outra modalidade de depósito.

3 – O presidente do tribunal arbitral notificará as partes do depósito da decisão.

ARTIGO 25.º

Extinção do poder dos árbitros

O poder jurisdicional dos árbitros finda com a notificação do depósito da decisão que pôs termo ao litígio ou, quando tal depósito seja dispensado, com a notificação da decisão às partes.

ARTIGO 26.º

Caso julgado e força executiva

1 – A decisão arbitral, notificada às partes e, se for caso disso, depositada no tribunal judicial nos termos do artigo 24.º, considera-se transitada em julgado logo que não seja susceptível de recurso ordinário.

2 – A decisão arbitral tem a mesma força executiva que a sentença do tribunal judicial de 1.ª instância.

CAPÍTULO V

Impugnação da decisão arbitral

ARTIGO 27.º

Anulação da decisão

1 – A sentença arbitral só pode ser anulada pelo tribunal judicial por algum dos seguintes fundamentos:

a) Não ser o litígio susceptível de resolução por via arbitral;

b) Ter sido proferiaa por tribunal incompetente ou irregularmente constituído;

c) Ter havido no processo violação dos princípios referidos no artigo 16.º, com influência decisiva na resolução do litígio;

d) Ter havido violação do artigo 23.º, n.os 1, alínea f), 2 e 3;

e) Ter o tribunal conhecido de questões de que não podia tomar conhecimento, ou ter deixado de pronunciar-se sobre questões que devia apreciar.

2 – O fundamento de anulação previsto na alínea b) do número anterior não pode ser invocado pela parte que dele teve conhecimento no decurso da arbitragem e que, podendo fazê-lo, não o alegou oportunamente.

Lei n.º 31/86, de 29 de Agosto 195

3 – Se da sentença arbitral couber recurso e ele for interposto, a anulabilidade só poderá ser apreciada no âmbito desse recurso.

ARTIGO 28.º
Direito de requerer a anulação; prazo

1 – O direito de requerer a anulação da decisão dos árbitros é irrenunciável.

2 – A acção de anulação pode ser intentada no prazo de um mês a contar da notificação da decisão arbitral.

ARTIGO 29.º
Recursos

1 – Se as partes não tiverem renunciado aos recursos, da decisão arbitral cabem para o tribunal da relação os mesmos recursos que caberiam da sentença proferida pelo tribunal de comarca.

2 – A autorização dada aos árbitros para julgarem segundo a equidade envolve a renúncia aos recursos.

CAPÍTULO VI
Execução da decisão arbitral

ARTIGO 30.º
Execução da decisão

A execução da decisão arbitral corre no tribunal de 1.ª instância, nos termos da lei de processo civil.

ARTIGO 31.º
Oposição à execução

O decurso do prazo para intentar a acção de anulação não obsta a que se invoquem os seus fundamentos em via de oposição à execução da decisão arbitral.

CAPÍTULO VII

Da arbitragem internacional

ARTIGO 32.º

Conceito de arbitragem internacional

Entende-se por arbitragem internacional a que põe em jogo interesses de comércio internacional.

ARTIGO 33.º

Direito aplicável

1 – As partes podem escolher o direito a aplicar pelos árbitros, se os não tiverem autorizado a julgar segundo a equidade.

2 – Na falta de escolha, o tribunal aplica o direito mais apropriado ao litígio.

ARTIGO 34.º

Recursos

Tratando-se de arbitragem internacional, a decisão do tribunal não é recorrível, salvo se as partes tiverem acordado a possibilidade de recurso e regulado os seus termos.

ARTIGO 35.º

Composição amigável

Se as partes lhe tiverem confiado essa função, o tribunal poderá decidir o litígio por apelo à composição das partes na base do equilíbrio dos interesses em jogo.

CAPIÍTULO VIII

Disposições finais

ARTIGO 36.º

Alterações ao Código de Processo Civil

ARTIGO 37.º

Âmbito de aplicação no espaço

O presente diploma aplica-se às arbitragens que tenham lugar em território nacional.

ARTIGO 38.º

Arbitragem institucionalizada

O Governo definirá, mediante decreto-lei, o regime da outorga de competência a determinadas entidades para realizarem arbitragens voluntárias institucionalizadas, com especificação, em cada caso, do carácter especializado ou geral de tais arbitragens, bem como as regras de reapreciação e eventual revogação das autorizações concedidas, quando tal se justifique:

ARTIGO 39.º

Direito revogado

1 – É revogado o Decreto-Lei n.º 243/84, de 17 de Julho.

2 – É revogado o artigo 55.º do Código das Custas Judiciais.

3 – É revogado o título I do livro IV, «Do tribunal voluntário», do Código de Processo Civil.

ARTIGO 40.º

Entrada em vigor

O presente diploma entra em vigor três meses após a sua publicação.

DECRETO-LEI N.º 36/79

de 3 de Março

Expropriações para fins mineiros

O regime legal em vigor para as expropriações por utilidade pública, considerado o processo administrativo que lhe é subjacente, bem como o regime existente em matéria de protecção dos solos, tem vindo a conduzir a grandes atrasos nas expropriações.

Esta situação, no que diz concretamente respeito às explorações mineiras, tem conduzido, com frequência, a que dela resultem elevados prejuízos para o País.

Com efeito, sendo vedado às empresas entrar na posse administrativa dos prédios objecto do processo de expropriação, nega-se-lhes a possibilidade de iniciarem os respectivos trabalhos de exploração e valorização dos correspondentes jazigos mineiros.

Está-se, assim, frente a uma situação a que urge com rapidez dar tratamento adequado que permita valorizar, em tempo útil, os recursos naturais, sem prejuízo embora dos legítimos direitos das partes envolvidas.

O Governo decreta, nos termos da alínea *a*) do n.º 1 do artigo 201.º da Constituição:

ARTIGO 1.º

São aplicáveis às expropriações para fins mineiros os preceitos do Código das Expropriações, aprovado pelo Decreto-Lei n.º 845/76, de 11 de Dezembro, com excepção das disposições específicas das expropriações para fins urbanísticos nele contidas e com as alterações constantes dos artigos seguintes.

ARTIGO 2.º

1 – O Conselho de Ministros restrito a que se refere o artigo 10.º, n.º 2, do Código das Expropriações será composto, tratando-se de

Decreto-Lei n.° 36/79, de 3 de Março

expropriações com fins de exploração mineira, pelo Primeiro-Ministro e pelos Ministros das Finanças e do Plano, da Administração Interna, da Justiça, da Agricultura e Pescas, da Indústria e Tecnologia e da Habitação e Obras Públicas.

2 – O Conselho de Ministros restrito referido no número anterior não poderá delegar a sua competência.

3 – No próprio acto declarativo de utilidade pública da expropriação para fins mineiros pode ser-lhe atribuído carácter de urgência, em conformidade com o artigo 14.° do Decreto-Lei n.° 845/76, de 11 de Dezembro.

4 – Nas expropriações referidas no n.° 1 poderão, mediante decisão do Conselho de Ministros restrito, não ser aplicadas as regras constantes dos Decretos-Leis n.ᵒˢ 356/75 e 357/75, de 8 de Julho, ficando, nesse caso, o Governo investido na defesa dos valores e interesses que essas disposições visam prosseguir, ajuizando da prevalência das vantagens económicas e sociais que advirão da exploração mineira.

5 – Aplica-se o disposto no número anterior aos projectos de exploração mineira a desenvolver em áreas que hajam sido adquiridas para esse fim sem recurso à declaração da utilidade pública para expropriações.

ARTIGO 3.°

Declarada a utilidade pública urgente da expropriação, pode o requerente, ainda que de direito privado, ser autorizado a tomar posse administrativa dos prédios a expropriar logo que efective a respectiva caução, calculada nos termos do artigo seguinte, conforme preceituam os artigos 17.° a 26.° do Decreto-Lei n.° 845/76, de 11 de Dezembro, podendo assim iniciar de imediato a actividade mineira como concessionário de exploração do domínio público.

ARTIGO 4.°

Os valores a caucionar nos termos e para os efeitos do disposto no artigo 12.°, n.° 1, alínea e), do Código das Expropriações serão calculados pela seguinte forma:

    a) Propriedade plena – o valor será o que lhe for atribuído pela comissão de avaliação prevista nos artigos 131.° e 132.° do Código da Contribuição Predial e do Imposto sobre a Indústria

Agrícola, que deverá proceder à avaliação no prazo de quinze dias após o requerimento de avaliação com base neste diploma;

b) Nua-propriedade e usufruto – a caução será igual ao valor da propriedade plena, sendo o valor de cada um dos direitos calculado nos termos do artigo 31.º, regra 4.ª, do Código da Sisa e do Imposto sobre as Sucessões e Doações;

c) Servidões – 1/20 do valor atribuído à propriedade plena;

d) Direito ao arrendamento urbano – o valor da caução será determinado nos termos previstos no artigo 5.º, §§ 2.º e 3.º, da Lei n.º 2088, de 3 de Junho de 1957, mas no caso de arrendamento para habitação não será inferior ao que resultar da aplicação do artigo 1099.º, n.º 1, do Codigo Civil;

e) Direito ao arrendamento rural – a caução será igual ao triplo do valor da renda anual.

ARTIGO 5.º

A entidade exploradora deverá proceder, na medida do possível, à reconstituição do solo de acordo com as normas estabelecidas pela autoridade competente, salvo nos casos de impossibilidade previstos nos planos de lavra.

ARTIGO 6.º

1 – Concluído o processo de reconstituição determinado no artigo anterior, o proprietário expropriado ou seus herdeiros terão direito à reversão do prédio expropriado, conforme o artigo 7.º do Decreto-Lei n.º 845/76, de 11 de Dezembro.

Contudo, o preço dessa reversão, incluindo esta graciosamente, as benfeitorias deixadas pela exploração mineira, será o equivalente ao valor recebido na expropriação, actualizado por um factor de correcção do valor da moeda correspondente às datas de expropriação e de reversão.

2 – O coeficiente de correcção referido no número anterior será fixado casuisticamente por despacho do Ministro das Finanças e do Plano.

ARTIGO 7.

O presente diploma aplica-se a todos os processos de expropriação para fins mineiros pendentes desde que os interessados formulem novo requerimento no prazo de trinta dias a contar da data da sua publicação, aproveitando-se de toda a documentação que instruiu o processo pendente.

ARTIGO 8.º

As dúvidas que surgirem na aplicação do presente decreto-lei serão resolvidas por despacho conjunto dos Ministros da Justiça e da Indústria e Tecnologia.

ARTIGO 9.º

Este diploma entra em vigor no dia imediato ao da sua publicação.

DECRETO-LEI N.° 44/94

de 19 de Fevereiro

Nos processos judiciais de expropriação, a decisão justa, para todos os expropriados, no campo da estimativa de valores e de outras indemnizações, assenta na competente e isenta actuação dos peritos, em especial dos indicados pelo tribunal. A estes, cada vez mais se lhes deve exigir rigor no cumprimento isento das normas e no cálculo do valor dos bens expropriados.

Deste modo, entende-se que uma das formas de reforçar as referidas imparcialidade e isenção é estabelecer a exclusividade de funções, de forma a impossibilitar a acumulação das funções de perito avaliador do tribunal com as de perito das partes.

Esta medida vem, assim, aumentar a confiança e fiabilidade dos elementos integrados na lista oficial de peritos, bem como reforçar a respectiva competência técnica.

No sentido de reforçar a isenção desses peritos, também se estabelecem causas de impedimento e suspeição que impeçam a formulação de laudos menos objectivos.

A respectiva competência técnica será ainda reforçada com o conhecimento das sentenças dos processos em que intervierem, já que dessa forma se possibilita aos peritos aferir da justeza e correcção dos laudos que elaboram, comparando-os com o teor da decisão judicial tomada.

Por outro lado, embora o Código das Expropriaçõe defina de modo suficiente as regras de cálculo que, a serem cumpridas, originarão laudos correctos e justos torna-se necessário, para uma maior clarificação, que os laudos fundamentem o cálculo de valor atribuído pelos peritos nos diversos processos.

Torna-se também necessário alterar o Decreto Regulamentar n.° 21/93, de 15 de Julho, por forma a estabelecer que as listas de peritos não são imutáveis, devendo ser totalmente revistas de três em três anos, com a realização de novo concurso.

Assim:

Nos termos da alínea *a*) do n.° 1 do artigo 201.° da Constituição, o Governo decreta o seguinte:

ARTIGO 1.°

Âmbito

1 – O presente diploma regula o exercício das funções de árbitro e de perito designado pelo tribunal, nos processos de expropriação de bens imóveis.

2 – Quando os peritos da lista oficial intervenham na arbitragem a que aludem os artigos 42.° e seguintes do Código das Expropriações ficam sujeitos ao regime de impedimentos e suspeições previsto nos artigos 3.°, 4.° e 5.° do presente diploma.

ARTIGO 2.°

Inibição de funções

Os peritos da lista oficial não podem intervir, em processos de expropriação, como peritos indicados pelas partes.

ARTIGO 3.°

Impedimentos

Para além dos impedimentos genericamente aplicáveis aos peritos, previstos no Código de Processo Civil, os peritos da lista oficial não podem intervir em processos de expropriação litigiosa nos seguintes casos:

a) Quando tenham intervindo anteriormente no processo em litígio como árbitros, avaliadores, mandatários ou tenham dado parecer sobre a questão a resolver;

b) Quando sejam parte no processo por si, como representantes de outra pessoa ou quando nele tenham um interesse que lhes permitisse ser parte principal;

c) Quando, por si ou como representantes de outra pessoa, sejam parte no processo o seu cônjuge, algum parente ou afim em linha recta ou até ao 2.° grau da linha colateral, bem como qualquer pessoa com quem vivam em economia comum ou

Decreto-Lei n.º 44/94, de 19 de Fevereiro 205

quando alguma destas pessoas tenha no processo um interesse que lhe permita figurar nele como parte principal;

d) Quando tenham intervindo no processo como perito o seu cônjuge, parente ou afim em linha recta ou até ao 2.º grau da linha colateral, bem como qualquer pessoa com quem vivam em economia comum;

e) Quando contra eles, seu cônjuge ou parente em linha recta esteja intentada acção judicial proposta pelo expropriado ou pelo respectivo cônjuge;

f) Quando se trate de recurso de decisão proferida com a sua intervenção como perito ou com a intervenção de qualquer das pessoas referidas na alínea *d).*

ARTIGO 4.º

Fundamentos de suspeição

1 – Os peritos podem pedir que sejam dispensados de intervir no processo quando ocorra circunstância pela qual possa razoavelmente suspeitar-se da sua isenção e, designadamente:

a) Se existir parentesco ou afinidade, não comprendidas no artigo 4.º, em linha recta ou até ao 4.º grau da linha colateral, entre o perito ou o seu cônjuge e alguma das partes ou pessoa que tenha, em relação ao objecto do processo, interesse que lhe permitisse ser nele parte principal;

b) Se houver processo em que seja parte o perito ou seu cônjuge ou algum parente ou afim de qualquer deles em linha recta e alguma das partes for perito nesse processo;

c) Se o perito ou o seu cônjuge, ou algum parente ou afim de qualquer deles em linha recta, for credor ou devedor de alguma das partes;

d) Se o perito tiver recebido dádivas antes ou depois de instaurado o processo e por causa dele ou se tiver fornecido meios para as despesas do processo;

e) Se houver inimizade grave ou grande intimidade entre o perito e alguma das partes.

2 – Com qualquer dos fundamentos enunciados nonúmero anterior podem também as partes interpor um requerimento de recusa do perito.

ARTIGO 5.º

Arguição e declaração do impedimento e da suspeição

1 – Quando se verifique causa de impedimento em relação a peritos, devem os mesmos comunicar desde logo o facto ao tribunal.

2 – Até ao dia de realização da diligência podem as partes e os peritos requerer a declaração do impedimento ou da suspeição, especificando as circunstâancias de facto que constituam a sua causa.

3 – Compete ao tribunal conhecer da existência do impedimento e da suspeição e declará-los, ouvindo, se considerar necessário, o perito.

ARTIGO 6.º

Comunicação da sentença

O tribunal deve dar conhecimento aos peritos por si designados das sentenças proferidas nos processos em que intervieram.

ARTIGO 7.º

Honorários

O pagamento dos honorários apresentados pelos peritos não aguarda o termo do processo.

ARTIGO 8.º

Laudos periciais

1 – Os laudos periciais são elaborados de acordo com as normas legais e regulamentares aplicáveis e devem fundamentar claramente o cálculo de valor atribuído.

2 – Os laudos periciais obedecem a formulário a aprovar por despacho conjunto dos Ministros do Planeamento e da Administração do Território e da Justiça.

3 – O disposto no número anterior não prejudica os poderes de cognição do juiz.

ARTIGO 9.º

Revogado.

DECRETO REGULAMENTAR N.º 15/98

de 9 de Julho

Como se observa no preâmbulo do Decreto-Lei n.º 44/94, de 19 de Fevereiro, que dispôs, além do mais, sobre o exercício das funções de perito designado pelo tribunal, nos processos de expropriação, a decisão justa, no cálculo indemnizatório, assenta na competente actuação dos peritos, particularmente os nomeados pelo juiz.

Na verdade, é sabida a influência, na decisão judicial, da avaliação realizada pelos peritos, em matéria que exige conhecimentos especiais. Por isso é que, no âmbito de recurso da arbitragem, seja a avaliação a única diligência obrigatória (n.º 2 do artigo 59.º do Código das Expropriações).

O processo de recrutamento e de selecção de peritos avaliadores para integrarem a lista oficial a que se refere a alínea a) do n.º 1 do artigo 60.º do mencionado Código consta do Decreto Regulamentar n.º 21/93, de 15 de Julho.

Considera-se necessário, face aos relevantes interesses em jogo no domínio das expropriações por utilidade pública, reforçar a exigência no recrutamento de peritos avaliadores e mantê-los actualizados através da frequência obrigatória de acções de formação permanente.

Estes os objectivos visados pelo presente diploma, em que se não deixa, razoavelmente, de providenciar quanto aos actuais peritos avaliadores, aproveitando a sua experiência e complementando-a com acção de formação que os tem como exclusivos destinatários.

Assim:

Ao abrigo do disposto no n.º 3 do artigo 60.º do Código das Expropriações, aprovado pelo Decreto-Lei n.º 438/91, de 9 de Novembro, e nos termos da alínea c) do artigo 199.º da Constituição, o Governo decreta o seguinte:

ARTIGO 1.º

Objecto

O presente diploma estabelece o regime do concurso de recrutamento e selecção dos peritos avaliadores para integração na lista oficial

208 *Decreto Regulamentar n.º 15/98, de 9 de Julho*

a que se refere a alínea *a)* do n.º 1 do artigo 60.º do Código das Expropriações, aprovado pelo Decreto-Lei n.º 438/91, de 9 de Novembro.

ARTIGO 2.º

Listas

1 – As listas de peritos avaliadores são organizadas por distritos judiciais.

2 – No distrito judicial de Lisboa são organizadas três listas, uma para a área continental, outra para os círculos judiciais de Angra do Heroísmo e de Ponta Delgada e outra para o círculo judicial do Funchal.

3 – Cada lista é composta pelo seguinte número de peritos avaliadores:

a) 100 na área continental do distrito judicial de Lisboa;
b) 120 no distrito judicial do Porto;
c) 100 no distrito judicial de Coimbra;
d) 80 no distrito judicial de Évora;
e) 15 nos círculos judiciais de Angra do Heroísmo e de Ponta Delgada;
f) 10 no círculo judicial do Funchal.

4 – Cada perito não pode integrar mais de uma lista, sendo a opção feita no momento da apresentação da candidatura.

ARTIGO 3.º

Abertura do concurso

1 – Compete ao director-geral dos Serviços Judiciários determinar a abertura do concurso.

2 – Sem prejuízo do disposto no n.º 3 do artigo 13.º, é obrigatória a abertura de concurso sempre que vagar mais de um terço dos lugares da lista.

ARTIGO 4.º

Júri

1 – O júri do concurso é constituído pelo director-geral dos Serviços Judiciários, que preside, por um docente a designar pelo Centro

de Estudos Judiciários, por um arquitecto urbanista a designar pela Associação dos Arquitectos Portugueses e por um engenheiro a designar pela Ordem dos Engenheiros.

2 – O presidente do júri tem voto de qualidade.

3 – Os vogais do júri têm direito a uma gratificação, em função do número de candidatos, a fixar por despacho do Ministro da Justiça, sob proposta do presidente.

ARTIGO 5.º

Requisitos de admissão

1 – Podem candidatar-se os indivíduos que, até ao termo do prazo de apresentação das candidaturas, sejam possuidores de curso superior adequado, detenham experiência profissional não inferior a cinco anos no domínio da avaliação imobiliária e não estejam inibidos do exercício de funções públicas ou interditos para o exercício das funções a que se candidatam.

2 – Os cursos superiores a que se refere o número anterior constam de despacho conjunto dos Ministros da Justiça e da Educação.

ARTIGO 6.º

Publicitação do concurso

1 – O concurso inicia-se com a publicação do respectivo aviso de abertura no *Diário da República*.

2 – Sem prejuízo do disposto no número anterior, podem ser utilizadas outras formas de publicidade que se considerem adequadas.

ARTIGO 7.º

Conteúdo do aviso de abertura

Do aviso de abertura devem constar:

a) O número de lugares a concurso, com indicação da lista a constituir ou a completar;
b) A descrição sumária das funções a exercer;
c) Os requisitos de admissão;
d) A forma e o prazo de apresentação das candidaturas e os elementos que as deverão instruir;

210   *Decreto Regulamentar n.º 15/98, de 9 de Julho*

e) A entidade à qual deve ser apresentada a candidatura e o respectivo endereço;
f) A composição do júri;
g) A especificação dos métodos de selecção a utilizar;
h) O programa da prova escrita de conhecimentos;
i) A indicação dos locais onde será afixada a lista de classificação final;
j) A indicação de que o concurso se rege pelo presente diploma.

ARTIGO 8.º

Prazo para apresentação de candidaturas

O prazo para apresentação de candidaturas é de 15 dias a contar da data da publicação no *Diário da República* do aviso de abertura do concurso.

ARTIGO 9.º

Lista de candidatos

1 – Findo o prazo de apresentação de candidaturas, o júri elabora, no prazo de 30 dias, a lista dos candidatos admitidos e excluídos, com indicação sucinta dos motivos da exclusão.

2 – Concluída a elaboração da lista, o presidente do júri promove a sua publicação no *Diário da República*, com a indicação da data, local e duração da prova escrita de conhecimentos.

ARTIGO 10.º

Recurso

Os candidatos excluídos podem recorrer para o Ministro da Justiça, no prazo de 10 dias a contar da data da publicação da lista, devendo o recurso ser decidido em igual prazo.

ARTIGO 11.º

Métodos de selecção

1 – No concurso são utilizados cumulativamente os seguintes métodos de selecção:
a) Avaliação curricular;
b) Prova escrita de conhecimentos.

Decreto Regulamentar n.º 15/98, de 9 de Julho

2 – O programa da prova escrita de conhecimentos é aprovado por despacho do Ministro da Justiça, sob proposta do director-geral dos Serviços Judiciários.

3 – A proposta a que se refere o número anterior deve ser precedida de audição do Centro de Estudos Judiciários, da Associação dos Arquitectos Portugueses e da Ordem dos Engenheiros.

ARTIGO 12.º

Sistema de classificação

1 – Os resultados obtidos na aplicação dos métodos de selecção são classificados na escala de 0 a 20 valores.

2 – A classificação inferior a 9,5 valores na prova escrita de conhecimentos implica a não aprovação do candidato.

3 - A classificação final é expressa na escala de 0 a 20 valores e resulta da média aritmética ponderada das classificações obtidas nos métodos de selecção, não podendo a prova escrita de conhecimentos ter índice de ponderação inferior a 70%.

ARTIGO 13.º

Lista de classificação final

1 – Terminada a selecção de candidatos, o júri submete a homologação do Ministro da Justiça a acta contendo a lista de classificação final.

2 – Homologada a acta, o presidente do júri promove:

a) A afixação da lista de classificação final nos tribunais de Relação, fazendo publicar o respectivo aviso no *Diário da República*;

b) A publicação da respectiva lista de peritos avaliadores, tendo em conta a classificação a que se refere a alínea anterior.

3 – Os candidatos aprovados e não integrados imediatamente poderão preencher as vagas que venham a ocorrer nos três anos subsequentes à data da publicação do aviso a que se refere a alínea *a)* do número anterior.

ARTIGO 14.º

Permuta

Os peritos avaliadores integrados nas listas dos distritos judiciais ou círculos judiciais referidos no n.º 3 do artigo 2.º podem requerer a permuta ao director-geral dos Serviços Judiciários.

ARTIGO 15.º

Publicação anual

A Direcção-Geral dos Serviços Judiciários fará publicar no *Diário da República*, no dia 31 de Janeiro de cada ano, ou no dia 30, se aquele for domingo, as listas actualizadas dos peritos avaliadores.

ARTIGO 16.º

Exclusão das listas

1 – São excluídos das listas os peritos avaliadores que:
a) Deixem de observar, culposamente, os critérios de avaliação decorrentes da lei ou violem norma legal ou regulamentar;
b) No decurso do ano judicial não compareçam mais de duas vezes, sem justificação, a diligências para as quais tenham sido convocados;
c) Não entreguem os relatórios ou os acórdãos nos prazos fixados, sem motivo justificado;
d) Não compareçam injustificadamente às acções de formação a que se refere o artigo seguinte ou faltem a mais de uma acção de formação, ainda que por motivo justificado;
e) Não façam prova de aptidão física nos termos do n.º 4.

2 – A exclusão referida no número anterior compete ao director-geral dos Serviços Judiciários, cabendo às entidades expropriantes ou aos tribunais, conforme os casos, a participação dos factos referidos nas alíneas *a)* a *c)*, cabendo ainda aos tribunais a comunicação das vagas que venham a verificar-se.

3 – No caso da alínea *a)* do n.º 1, a exclusão depende de parecer favorável de uma comissão, constituída por despacho do Ministro da Justiça, composta pelo director-geral dos Serviços Judiciários, que pre-

Decreto Regulamentar n.º 15/98, de 9 de Julho 213

side com voto de qualidade, e por um elemento de cada uma das entidades a que se refere o artigo 4.º, por elas designado.

4 – Para o efeito do disposto na alínea *e)* do n.º 1, os peritos avaliadores que tenham completado 70 anos de idade devem fazer prova, através de atestado médico a enviar ao director-geral dos Serviços Judiciários, de que possuem aptidão física para o exercício de funções.

5 – O atestado a que se refere o número anterior será apresentado de dois em dois anos, a partir do ano 2000, durante o mês de Janeiro, sem prejuízo da exigência da sua apresentação com menor periodicidade, nos casos em que o director-geral dos Serviços Judiciários considerar conveniente.

6 – Os membros da comissão referida no n.º 3 têm direito ao abono de senhas de presença por cada reunião em que participem, de montante a fixar por despacho do Ministro da Justiça.

ARTIGO 17.º
Formação permanente

1 – Por iniciativa do director-geral dos Serviços Judiciários, o Centro de Estudos Judiciários realizará acções de formação visando a actualização de conhecimentos dos peritos avaliadores que integrem as respectivas listas.

2 – As acções de formação são efectuadas periodicamente, devendo sê-lo sempre que ocorram alterações significativas no regime jurídico em que se enquadrem as funções dos peritos avaliadores.

3 – A frequência das acções de formação é obrigatória.

4 – Os peritos avaliadores que não compareçam a acções de formação podem justificar a falta, no prazo de cinco dias, perante o director-geral dos Serviços Judiciários.

5 – Os peritos avaliadores que tenham faltado justificadamente a todas as sessões de acção de formação ou a parte considerada relevante desta devem frequentar acção de formação que lhes seja destinada, a realizar no prazo máximo de três meses, sem prejuízo do disposto na parte final da alínea *d)* do n.º 1 do artigo anterior.

6 – O programa das acções de formação é definido pela Direcção-Geral dos Serviços Judiciários, em colaboração com o Centro de Estudos Judiciários, a Associação dos Arquitectos Portugueses e a Ordem dos Engenheiros.

214   *Decreto Regulamentar n.º 15/98, de 9 de Julho*

7 – A convocatória para a frequência de acções de formação efectua-se por carta registada, para a residência oficial dos notificandos, com antecedência não inferior a 30 dias.

ARTIGO 18.º

Actuais peritos avaliadores

1 – Os peritos avaliadores incluídos nas actuais listas podem requerer a integração nas primeiras listas a organizar após a entrada em vigor do presente diploma, sem dependência de outros requisitos para além do referido no n.º 3.

2 – Para o efeito, a Direcção-Geral dos Serviços Judiciários promoverá a publicação de aviso no Diário da República, devendo o requerimento ser apresentado no prazo de 20 dias.

3 – A integração a que se refere o n.º 1 fica condicionada à frequência da acção de formação e aprovação na prova prevista no artigo seguinte.

ARTIGO 19.º

Formação dos actuais peritos avaliadores

1 – O Centro de Estudos Judiciários deverá organizar, nos termos do artigo 17.º, na sede de cada distrito judicial, acção de formação especialmente destinada aos peritos avaliadores a que se refere o artigo anterior.

2 – No final da acção de formação os peritos participantes serão submetidos a uma prova escrita de conhecimentos, aplicando-se com as necessárias adaptações o disposto nos n.os 2 e 3 do artigo 11.º, no artigo 12.º e nos n.os 1 e 2 do artigo 13.º.

ARTIGO 20.º

Despesas de deslocação

Os peritos avaliadores a que se referem as alíneas *e)* e *f)* do n.º 3 do artigo 2.º têm direito ao reembolso das despesas de deslocação por motivo de frequência de acções de formação.

ARTIGO 21.º

Encargos

Os encargos resultantes da aplicação do presente diploma serão suportados pelo Cofre Geral dos Tribunais.

ARTIGO 22.º

Prazos

Os prazos constantes do presente diploma são contados nos termos previstos no artigo 72.º do Código do Procedimento Administrativo.

ARTIGO 23.º

Disposição transitória

Até à publicação das primeiras listas a organizar nos termos do presente diploma mantêm-se em funções os actuais peritos avaliadores.

ARTIGO 24.º

Norma revogatória

É revogado o Decreto Regulamentar n.º 21/93, de 15 de Julho.

ÍNDICE

Nota prévia	7
Tabela de correspondência entre os artigos dos Códigos das Expropriações de 1991 e 1999	9
Lei n.º 168/99, de 18 de Setembro	11

CÓDIGO DAS EXPROPRIAÇÕES

TÍTULO I
Disposições gerais

Artigo 1.º (Admissibilidade das expropriações)	13
Notas	13
Artigo 2.º (Princípios gerais)	31
Notas	32
Artigo 3.º (Limite da expropriação)	32
Notas	33
Artigo 4.º (Expropriação por zonas ou lanços)	34
Notas	35
Artigo 5.º (Direito de reversão)	36
Notas	38
Artigo 6.º (Afectação de bens do domínio público)	40
Notas	41
Artigo 7.º (Expropriação de bens ou direitos relativos a concessões e privilégios)	42
Notas	42
Artigo 8.º (Constituição de servidões administrativas)	44
Notas	44
Artigo 9.º (Conceito de interessados)	47
Notas	47

TÍTULO II
Da declaração de utilidade pública
e da autorização de posse administrativa

Artigo 10.º (Resolução de expropriar) 49
Artigo 11.º (Aquisição por via de direito privado) 50
Artigo 12.º (Remessa do requerimento) 51
Notas aos artigos 10.º a 12.º 51
Artigo 13.º (Declaração de utilidade pública) 64
Notas 65
Artigo 14.º (Competência para a declaração de utilidade pública) 70
Notas 71
Artigo 15.º (Atribuição do carácter de urgência) 73
Artigo 16.º (Expropriação urgentíssima) 73
Notas aos artigos 15.º e 16.º 73
Artigo 17.º (Publicação da declaração de utilidade pública) 75
Notas 76
Artigo 18.º (Ocupação de prédios vizinhos) 77
Notas 78
Artigo 19.º (Posse administrativa) 78
Artigo 20.º (Condições de efectivação da posse administrativa) 79
Artigo 21.º (Vistoria *ad perpetuam rei memoriam*) 80
Artigo 22.º (Auto de posse administrativa) 82
Notas aos artigos 19.º a 22.º 83

TÍTULO III
Do conteúdo da indemnização

Artigo 23.º (Justa indemnização) 86
Notas 87
Artigo 24.º (Cálculo do montante da indemnização) 94
Notas 94
Artigo 25.º (Classificação dos solos) 95
Notas 96
Artigo 26.º (Cálculo do valor do solo apto para a construção) 98
Notas 100
Artigo 27.º (Cálculo do valor do solo para outros fins) 102
Notas 103
Artigo 28.º (Cálculo do valor de edifícios ou construções e das respectivas áreas de implantação e logradouros) 104
Notas 105

Artigo 29.º (Cálculo do valor nas expropriações parciais) 105
    Notas 105
Artigo 30.º (Indemnização respeitante ao arrendamento) 106
    Notas 107
Artigo 31.º (Indemnização pela interrupção da actividade comercial, industrial, liberal ou agrícola) 111
    Notas 111
Artigo 32.º (Indemnização pela expropriação de direitos diversos da propriedade plena) 112
    Notas 112

TÍTULO IV
Processo de expropriação

CAPÍTULO I
Expropriação amigável

Artigo 33.º (Tentativa de acordo) 113
    Notas 113
Artigo 34.º (Objecto do acordo) 115
    Nota 115
Artigo 35.º (Proposta da entidade expropriante) 115
    Notas 116
Artigo 36.º (Formalização do acordo por escritura ou auto) 116
    Notas 117
Artigo 37.º (Conteúdo da escritura ou do auto) 118
    Notas 119

CAPÍTULO II
Expropriação litigiosa

SECÇÃO I
Disposições introdutórias

Artigo 38.º (Arbitragem) 119
    Notas 120
Artigo 39.º (Autuação) 122
    Notas 122
Artigo 40.º (Legitimidade) 123
    Notas 123

220 *Índice*

Artigo 41.º (Suspensão da instância e nomeação de curador provisório) ... 123
Notas 124

SECÇÃO II
Da tramitação do processo

SUBSECÇÃO I
Arbitragem

Artigo 42.º (Promoção da arbitragem) 124
Notas 125
Artigo 43.º (Petições a apresentar no tribunal) 126
Notas 127
Artigo 44.º (Natureza dos processos litigiosos)...................................... 127
Nota 127
Artigo 45.º (Designação dos árbitros) 127
Artigo 46.º (Designação de grupos de árbitros) 128
Notas aos artigos 45.º e 46.º 128
Artigo 47.º (Notificação da designação dos árbitros) 129
Notas 129
Artigo 48.º (Apresentação de quesitos) 130
Notas 130
Artigo 49.º (Decisão arbitral)... 130
Notas 131
Artigo 50.º (Honorários) 132
Notas 132
Artigo 51.º (Remessa do processo)... 134
Notas 135
Artigo 52.º (Recurso) 136
Notas 137
Artigo 53.º (Dúvidas sobre a titularidade de direitos)............................ 138
Notas 139

SUBSECÇÃO II
Arguição de irregularidades

Artigo 54.º (Reclamação) 139
Notas 140

SUBSECÇÃO III
Pedido de expropriação total

Artigo 55.º (Requerimento) 141
Artigo 56.º (Improcedência do pedido) 141
Artigo 57.º (Caução) 142
Notas aos artigos 55.º a 57.º 142

SUBSECÇÃO IV
Recurso da arbitragem

Artigo 58.º (Requerimento) 144
Notas 145
Artigo 59.º (Admissão do recurso) 146
Notas 146
Artigo 60.º (Resposta) 146
Notas 147
Artigo 61.º (Diligências instrutórias) 148
Notas 148
Artigo 62.º (Designação e nomeação dos peritos) 150
Notas 150
Artigo 63.º (Notificação para o acto de avaliação) 151
Notas 151
Artigo 64.º (Alegações) 151
Nota 152
Artigo 65.º (Prazo de decisão) 152
Nota 152
Artigo 66.º (Decisão) 152
Notas 153

TÍTULO V
Do pagamento das indemnizações

Artigo 67.º (Formas de pagamento) 155
Notas 155
Artigo 68.º (Quantias em dívida).. 156
Notas 156
Artigo 69.º (Cedência de bens ou direitos) 157
Nota 157
Artigo 70.º (Juros moratórios).. 157
Notas 157

222 Índice

Artigo 71.º (Depósito da indemnização) 158
  Notas 159
Artigo 72.º (Impugnação dos montantes depositados) 160
  Nota 160
Artigo 73.º (Atribuição das indemnizações) 161
  Notas 161

TÍTULO VI
Da reversão dos bens expropriados

Artigo 74.º (Requerimento) 161
Artigo 75.º (Audiência da entidade e de outros interessados) 162
Artigo 76.º (Publicidade da decisão) 162
  Notas aos artigos 74.º a 76.º 163
Artigo 77.º (Pedido de adjudicação) 164
Artigo 78.º (Oposição do expropriante) 164
Artigo 79.º (Adjudicação) 165
  Notas aos artigos 77.º a 79.º 165

TÍTULO VII
Da requisição

Artigo 80.º (Requisição de imóveis) 166
  Notas 166
Artigo 81.º (Uso dos imóveis requisitados) 167
  Nota 168
Artigo 82.º (Acto de requisição) 168
  Notas 168
Artigo 83.º (Instrução do pedido de requisição) 170
  Nota 170
Artigo 84.º (Indemnização) 170
  Notas 171
Artigo 85.º (Obrigações do beneficiário) 172
  Notas 173
Artigo 86.º (Direito e deveres do proprietário) 173
  Nota 173
Artigo 87.º (Recurso contencioso) 174
  Notas 174

TÍTULO VIII
Disposições finais

Artigo 88.º (Desistência da expropriação) 174
  Notas 174
Artigo 89.º (Lista de peritos) 175
Artigo 90.º (Regiões Autónomas) 175
  Notas 175
Artigo 91.º (Expropriação de bens móveis) 176
  Nota 177
Artigo 92.º (Aplicação subsidiária do processo de expropriação) 177
  Notas 177
Artigo 93.º (Áreas de desenvolvimento urbano prioritário e de construção
  prioritária) 178
  Nota 178
Artigo 94.º (Expropriação para fins de composição urbana) 178
  Nota 179
Artigo 95.º (Áreas com construções não licenciadas) 179
  Nota 179
Artigo 96.º (Expropriação requerida pelo proprietário) 180
  Notas 180
Artigo 97.º (Dever de informação) 180
Artigo 98.º (Contagem de prazos não judiciais) 180
  Nota 180

LEGISLAÇÃO COMPLEMENTAR

Código de Processo Civil (artigos 1525.º a 1528.º) 183
Lei n.º 31/86, de 29 de Agosto 185
Decreto-Lei n.º 36/79, de 3 de Março 199
Decreto-Lei n.º 44/94, de 19 de Fevereiro 205
Decreto Regulamentar n.º 15/98, de 9 de Julho 207